MW01715154

PENSIONNAIRE CHEZ LES URSULINES
DANS LES ANNÉES 1920-1930

Gabrielle K.-Laflamme Verge

PENSIONNAIRE CHEZ LES URSULINES DANS LES ANNÉES 1920-1930

Réminiscences d'un passage heureux

SEPTENTRION

Nous remercions le Conseil des Arts du Canada et la SODEC pour le soutien accordé à notre programme d'édition, de même que le gouvernement du Canada pour l'aide financière reçue par l'entremise du Programme d'aide au développement de l'industrie de l'édition.

Illustration de la couverture: Chapelle des Ursulines vue de la cour intérieure, aquarelle d'Albert Rousseau, s.d. (coll. privée).

Maquette de la couverture et mise en pages : Folio infographie

Si vous désirez être tenu au courant des publications
des ÉDITIONS DU SEPTENTRION
vous pouvez nous écrire au
1300, avenue Maguire, Sillery (Québec) G1T 1Z3
ou par télécopieur (418) 527-4978

© Les Éditions du Septentrion
1300, avenue Maguire
Sillery (Québec)
G1T 1Z3

Diffusion Dimedia
539, boul. Lebeau
Saint-Laurent (Québec)
H4N 1S2

Diffusion en Europe:
Diffusion de l'édition québécoise
Librairie du Québec
30, rue Gay-Lussac
75005 Paris
France

Dépôt légal – 3e trimestre 1998
Bibliothèque nationale du Québec
ISBN 2-89448-118-7

Le véritable lieu de naissance est celui
où on a porté la première fois
un coup d'œil intelligent sur soi-même.

MARGUERITE YOURCENAR

Le souvenir est l'atmosphère embaumée
du cœur où l'on garde ce que l'on aime.
LAMARTINE

Brumes dorées du passé
vous magnifiez les moindres choses.
MICHEL TOURNIER

Les années d'enfance revécues dans la rêverie sont
vraiment, au fond de l'âme, des cantiques d'illusions.
LAMARTINE

Remerciements

Je tiens à remercier spécialement mes anciennes compagnes de couvent, sœur Fernande Bédard et sœur Marie-Claire Charles, qui, à l'occasion, ont bien voulu mettre un frein à mon enthousiasme. Plusieurs autres amies ont aussi jeté un coup d'œil critique sur mon œuvre. À toutes, ma reconnaissance.

Introduction

En 1639, à une époque où chaque voyage mené à terme tient du miracle, les religieuses ursulines quittent le port de Dieppe, en France pour entreprendre leur mission d'évangélisation au Canada. La traversée durera trois mois. Ironiquement, le capitaine du navire, le *Saint-Joseph*, se nomme M. Bontemps. Peut-on qualifier de bon temps trois mois de mal de mer, de misère, de catastrophes évitées à la toute dernière minute ? Trois mois très éprouvants pour ces pauvres femmes, en un espace aussi restreint. Outre deux séculières et trois religieuses hospitalières qui accompagnent les Ursulines, quelques religieux figurent au nombre des passagers.

Mère Marie de l'Incarnation (Guyard Martin), et ses compagnes, mère Saint-Joseph (Savonnière de Troche), et mère Cécile-de-Sainte-Croix (Richer), sont accompagnées de madame de la Peltrie, missionnaire laïque, et de sa servante, Charlotte Barré. La foi en leur vocation va les soutenir et les encourager tout au long de la traversée. Arrivées les mains vides, mais avec une foi inébranlable, un cœur à la grandeur de l'univers et un courage à toute épreuve, elles vont semer en terre canadienne un noyau qui germera et se ramifiera à l'étendue de la planète.

Au moment de leur arrivée en Nouvelle-France, trente et un ans après l'arrivée de Champlain, la colonie compte à peine deux cents personnes, et Sillery abrite quatre cents à cinq cents Abénaquis. Tout en catéchisant les petites sauvagesses, but initial de leur mission, elles éduquent les quelques jeunes filles confiées à leurs soins par les premiers colons. À la conquête de 1760, la majorité des Français bien nantis retournent en France. Malgré les contraintes, les Ursulines prennent la décision de demeurer au pays et de continuer leur apostolat en dépit de conditions éprouvantes. Le régime anglais, protestant, ne menace pas leur avenir. Elles jouissent d'une grande faveur auprès du peuple, autant de la part des conquis que du côté des conquérants. Leur chapelle ne favorise-t-elle pas les paroissiens catholiques aussi bien que les protestants ?... Les jeunes filles anglaises sont admises au couvent afin de continuer leur éducation. Les blessés, français ou anglais, bénéficient de leurs bons soins. Enfin, toute la colonie sait les apprécier.

De nos jours encore, les religieuses ursulines contribuent à former des femmes sachant assumer leurs responsabilités au sein du pays et jouer un rôle important dans l'éducation et la formation des enfants.

D'abord élèves, puis mères, et femmes influentes, de nombreuses anciennes occupent une place enviable dans une société enrichie de leur apport.

Chose assez étonnante, anciennement, les Ursulines apposaient les lettres U.I. après leur nom de religion, ce qui signifiait : Ursuline indigne, probablement en signe d'humilité. Jusqu'à récemment, les lettres R.U., religieuse ursuline, suivaient leur nom. Enfin, depuis 1935, elles signent O.S.U., Ordre de sainte Ursule, sigle plus conforme à leur apostolat universel.

Malgré l'évolution constante de l'éducation des jeunes filles, les notions de base, religion, probité, et respect de l'autorité, demeurent le fondement de la formation reçue au couvent. Quoi qu'il arrive au cours de leur vie, ce premier apprentissage ne se perd pas ; les religieuses savent inculquer ces principes à leurs élèves, pour ainsi perpétuer la tradition d'excellence.

Je ne peux faire mieux que de répéter ce qu'écrit une religieuse ursuline sous le sceau de l'anonymat :

> Le cloître, du point de vue des enfants, avait un gros avantage. Nous les considérions comme nos enfants. Le cloître a créé une intimité qui n'existait pas ailleurs. Quand les petites filles entraient au monastère, la porte se refermait sur elles. Elles voyaient leurs parents à travers les grilles et sortaient rarement. Alors toutes leurs joies, elles les prenaient au pensionnat. N'ayant aucune distraction susceptible de nuire à leurs études, les élèves suivaient un horaire bien délimité. Elles faisaient beaucoup de choses dans une journée y compris les prières et le sommeil voulu. Elles étaient très heureuses et le répètent à qui veut l'entendre.

Dans ces vieux murs du pensionnat, dix mois par année, nous vivons entourées des témoins du passé qui nous imprègnent de l'histoire et de la culture. Le climat de calme et même d'insouciance nous permet de traverser la crise économique de 1929, sans être troublées par les perturbations qui agitent le monde à ce moment. Dans les années 1990, les Ursulines continuent à graver dans les esprits le culte de la tradition.

On parle d'essor à partir de ces débuts difficiles. Peut-on appeler progrès le fait que la modernité ait amené la fermeture du pensionnat ? Peut-on appeler progrès le fait que les religieuses aient moins d'influence sur leurs élèves ? Elles doivent s'ouvrir au monde actuel, suivre l'évolution du siècle et marcher avec le temps, mais au prix de quels sacrifices ! Après plus de trois cents ans, les Ursulines, le cœur brisé, ferment le pensionnat, ce lieu où elles ont exercé leur apostolat et formé tant de femmes accomplies et conscientes de leurs responsabilités, face à l'avenir.

* * *

Entrer au couvent très jeune facilite l'adaptation au règlement, *a priori* sévère. Nous acceptons la discipline, d'une probité absolue, sans arrière-pensée. Toutefois, les élèves qui ne passent que les quelques dernières années de leur cours au pensionnat trouvent les consignes rigoureuses, surtout si elles les comparent à celles d'autres institutions aux règles plus clémentes.

En jetant un regard sur ces années, une impression de calme, de paix remonte à ma mémoire. Je veux partager avec vous, ici, ces réminiscences. Une amie religieuse, compagne de classe, me fait remarquer que je relate, en majorité, des souvenirs heureux. Mais ne se souvient-on pas que des instants qui nous influencent ? Marcel Proust observe à la fin de son livre, *Du côté de chez Swann* : «Le souvenir d'une certaine image n'est que le regret d'un certain instant et les maisons, les routes, les avenues sont fugitives comme les années. »

Sûrement, quelques incidents ont pu me contrarier, mais, mon éternel optimisme aidant, je porte en moi l'impression d'une grande harmonie marquée d'une profonde sérénité.

Quand la vie nous bouscule

La grande maison, si chaleureuse, si exubérante, a perdu son âme. Mon père, ingénieur civil, en tournée d'inspection sur la Côte-Nord, périt en mer dans le naufrage du bateau qui le ramène à Québec. Ma mère, jeune femme de trente-cinq ans, reste seule avec trois fillettes, dont la dernière est âgée de trois mois à peine.

La fête de Noël se révèle très pénible. Toutes, nous regrettons ce bel homme enjoué, boute-en-train, qui nous rendait la vie si animée ! Les comparaisons avec les années précédentes ne font qu'aggraver notre malheur.

Une cousine de mon père qui habite les États-Unis convainc ma mère d'aller passer quelques mois chez elle, question de changer d'atmosphère et de reprendre goût à la vie. Maman ne reviendra que six mois plus tard, à la fin de l'année scolaire. Elle décide de m'inscrire pensionnaire au couvent des Ursulines de la rue du Parloir de Québec. Je viens d'avoir onze ans, ma sœur de six ans se retrouve chez ma grand-mère et le bébé d'à peine cinq mois, chez l'infirmière qui en prend soin depuis sa naissance.

Le jour du départ arrive trop vite. Habituée à une grande liberté, j'appréhende l'isolement. Le mot « monastère » est inquiétant à mon oreille, un peu comme résonnerait et rimerait le mot « prison ». Plus de randonnées dans la belle voiture de mon père !... Plus de Maman !... Plus de Loulou, plus d'Isabelle !... Même plus de chien fidèle pour me reconduire à l'école, puisqu'il habitera maintenant chez ma grand-mère ! Jusqu'où peut-on couper sans détruire ?

Comme j'étais l'aînée de la famille, mon père me chérissait particulièrement, sans désavouer mes sœurs, bien sûr. Il se plaisait à m'inculquer des notions de tous genres. Vu sa profession, il m'amenait souvent visiter des chantiers, des usines. Il ne manquait aucune occasion de façonner mon caractère, de m'instruire, de m'aguerrir. Au fait, j'étais très choyée. Mon arrivée au couvent, où je deviens une parmi tant d'autres, peut s'avérer, pour le moins, contraignante. Rien ne m'a préparée à subir un tel choc !

⋆ ⋆ ⋆

En cet après-midi du 7 janvier 1927, me voici donc en route avec ma valise et mes petits trésors. Accompagnée de maman, j'emprunte la traverse de Lévis-Québec. Avec difficulté, le bateau se fraie un chemin à travers les glaces qui se bousculent à qui mieux mieux dans un craquement de tonnerre. On dirait que la coque du navire ne résistera pas. Enfin sur la rive nord, nous louons une carriole et, emmitouflées de peaux de fourrure, nous entreprenons la dernière étape du trajet. Le pauvre cheval, essoufflé par l'effort, a peine à monter la longue côte de la Montagne, mais il nous rend cependant à notre destination. Le parcours est long et silencieux. Ma mère réalise-t-elle l'ampleur du sacrifice qu'elle m'impose ?... Regrette-t-elle sa décision de démembrer la famille ?... Ces questions et bien d'autres me trottent dans la tête quand nous nous présentons au monastère vers seize heures.

Dans la pénombre de cette journée du début de janvier, l'entrée principale, nommée le « tour », m'impressionne par sa beauté classique. Séparée du chemin par une clôture de fer forgé, elle donne accès, à gauche, à la porte de la procure, et, à droite, à celle de la sacristie. Au centre se détache le portique. Nous pénétrons dans une vaste pièce sombre dont la seule fenêtre se trouve sous l'escalier qui conduit aux appartements de M. l'Aumônier. Nous venons de franchir un autre monde ! Une fois les yeux habitués au demi-jour, nous discernons deux portes. L'une donne sur le parloir des religieuses, qui, leur voile baissé sur leur visage, reçoivent leurs visiteurs, derrière deux grilles espacées de trois ou quatre pouces. L'autre porte s'ouvre sur une pièce d'office qui sert aux échanges entre le couvent et le monde extérieur. Seul endroit où, encore aujourd'hui, on trouve des grilles, vestige des rigueurs dc l'ancien cloître. De longs bancs, leur haut dossier sculpté, ornent toujours cet endroit austère. Tout au fond apparaît la porte conventuelle, immense, sévère, imposante.

Le « tour » est un cylindre ouvert sur une portion de sa surface et caché entre deux portes. En ouvrant la porte du côté accessible aux visiteurs, on place le colis ; une petite poussée le fait pivoter. Ainsi le paquet se présente de l'autre côté sans qu'on puisse voir la main qui le reçoit. À cette époque, on ne badine pas avec le cloître.

Enfin, ma mère sonne. Une voix, venue d'on ne sait trop où, s'enquiert : « Que désirez-vous ? » Maman annonce mon arrivée au pensionnat. La portière, en compagnie d'une autre religieuse, voilée elle aussi, et munie d'une seconde clef, ouvre grande la porte monastique. J'embrasse maman une dernière fois, je passe le seuil et j'entends encore, comme si c'était hier, le bruit fatidique des deux tours de clef refermant l'entrée avec fracas ! Je me retrouve prisonnière des murs entre deux bonnes religieuses venues m'accueillir. Deux religieuses qui se ressemblent à s'y méprendre. Il me faudra un certain temps avant d'arriver à reconnaître les mères. Certaines rondelettes, d'autres filiformes, mais toutes semblables sous leur voile noir et leur guimpe blanche. Seule une partie de leur visage permet de les identifier. Celles qui m'accompagnent sont distantes, impassibles, habitées d'un air intemporel. Aucune réaction n'anime leur physionomie, sinon un sourire doux qui ne semble pas m'être destiné. Qu'est-ce qu'elles pensent de moi ?… Difficile à deviner ! Je ne suis pas très grande du haut de mes onze ans. Mon visage est mince, entouré de cheveux châtains, coupés à la Jeanne d'Arc. Je suis vêtue de noir de la tête aux pieds. À cette époque, le deuil d'un parent se porte pendant deux ans, même pour les enfants. Je me souviens encore du chapeau orné de petites fleurs et de baies noires. Le manteau, les bas, tout est noir. Et mon âme n'y échappe pas ! Quel retranchement ! Je suis plus timide que craintive et me sens terriblement seule dans cet endroit dénudé où je pénètre pour la première fois. Très impressionnée par le silence, le calme, aucunement rompu par les religieuses dont les souliers glissent sur le plancher. On jurerait accompagner des automates. Après avoir parcouru d'interminables corridors aux surfaces polies comme des miroirs, nous empruntons le célèbre escalier Saint-Augustin. Les marches usées, par le passage de nombreuses religieuses et élèves depuis plus de trois cents ans, nous mènent au dortoir des petites. Trois rangées de minuscules lits blancs assortis d'une commode en pin naturel, d'un bassin et d'un pichet forment l'installation que je trouve très sommaire. Je revois ma grande chambre, avec vue sur le fleuve et sur Québec, où mon père venait m'embrasser le soir à l'heure du coucher. Enfin !…

Et la vie continue

À la salle d'étude, on m'indique mon pupitre, endroit où ranger les livres, « surtout tenu en ordre », me fait-on remarquer. Une bonne trentaine de paires d'yeux épient tous les mouvements de la petite *nouvelle*. Je ne connais ni les religieuses ni les élèves et, en plus, j'arrive en janvier. Alors que les routines sont établies, que toutes ont *pris le pli*, moi, je me présente ! Ma petite histoire suscite sûrement de l'intérêt. À cet âge, mes compagnes ne savent pas exprimer leurs sentiments, leur sympathie, peut-être ! Ce qui se traduit par une maladresse, par un malaise. Elles me regardent avec curiosité et n'osent venir à moi.

Mère Marie de la Trinité, maîtresse de la division, nous souhaite la bienvenue après les vacances de Noël. Elle nous dit quelques mots d'encouragement et nous nous dirigeons vers le réfectoire, en rang, moi la dernière bien entendu, dans un silence religieux. Après mon premier repas dans ces murs, dans un silence tout aussi religieux, nous retournons à la salle de récréation. Les petites racontent leurs vacances, elles dansent et inventent des jeux... Timide, je me tiens à l'écart. La maîtresse de division vient me chercher afin que je participe aux activités. Je voudrais bien me blottir dans les plis de sa longue robe noire, mais ça ne se fait pas !... Toutes les élèves me regardent avec insistance. Après un moment, quelques-unes ont la hardiesse de m'adresser la parole. La glace est enfin rompue ! Du moins, c'est un début... Quelques jours encore suffiront pour m'intégrer au groupe. Toutefois, jusqu'à la fin de l'année, je sens qu'une différence me démarque de mes compagnes... *Je suis orpheline !*

Si je me souviens bien, je chausse de hautes bottines. Tous les matins, je dois me servir d'un grand crochet pour en fixer les vingt ou trente boutons. Alors que la mode dicte les bottines et même les souliers *lacés,* ma mère insiste pour que je les porte, soi-disant que c'est préférable pour les jambes. Il suffit de peu de chose pour se sentir différente, à un âge où le conformisme est de rigueur.

Au dortoir, vers six heures quarante-cinq, en silence, nous rejoignons nos places. Dans cet éclairage discret, je commence à enlever mon uniforme. Rapidement, la religieuse vient m'expliquer comment me vêtir et me dévêtir sous la longue robe de nuit blanche. Toute une technique ! On n'y arrive pas du premier coup ! Souvent, on se retrouve, au complet, sous la jaquette, à se débattre comme un diable dans l'eau bénite.

Une sœur converse occupe une cellule dans le dortoir, assurant la surveillance de nuit. On entend, ici et là, des reniflements discrets ; les premiers soirs sont pénibles au pensionnat. Stoïque, je ne pleure pas. Le sommeil tarde à venir. Les lueurs de la veilleuse créent des images fantasmagoriques sur les murs et je me distrais à les identifier. Finalement, accablée de solitude, je glisse dans un profond sommeil.

Au petit matin, vers six heures, la clochette tinte. Réveil et toilette. Il faut enfiler l'uniforme au complet, avant d'enlever la robe de nuit…

Les ténèbres ne sont pas encore dissipés lorsque nous arrivons à la chapelle illuminée, qui sent bon l'encens. Comme aujourd'hui, le maître-autel se trouve à l'extérieur des grilles, ouvertes au moment de la communion. Nous nous présentons à la sainte table à notre guise. Ce Dieu que je reçois ici n'est-il pas le même que Celui à qui je m'unis dans mon église paroissiale ? Quelle expérience mystique de réaliser qu'au moins il me reste ce lien de continuité !… Mais je ne sais pas très bien m'entretenir avec le bon Dieu, lui aussi me semble très loin !… Pourquoi m'inflige-t-il tant de misère ?

Premiers jours au couvent

Au début, mon acclimatation au couvent me paraît difficile. Maman, que je sens très loin, m'écrit souvent. Mais... ça ne comble pas le vide ! Disparu en mer, mon père me manque beaucoup. Toujours, je m'interroge sur son sort, refusant de le croire perdu. Grand sportif, nageur exceptionnel, mon père a peut-être été secouru par quelque navire étranger venant d'un pays d'où il reviendrait un bon soir !... Mais, ma mère absente de la maison, comment saurait-il me retrouver au couvent des Ursulines ?... Durant des heures, ce scénario me hante, sans que j'y trouve de solution. Comme on peut être malheureuse à onze ans, entourée de personnes réservées qui n'osent montrer leur compassion !

Ma liberté me manque aussi. Chez moi, à Lévis, sur la falaise, face à l'horizon vaste, le fleuve, les montagnes, l'île d'Orléans, les grands champs en haut du cap, tout cela constitue mon domaine. J'y ai appris à découvrir la nature, la vie des bêtes, des insectes, des fleurs et des saisons. Les couchers de soleil, à nuls autres pareils. La ville de Québec, encore libre de gratte-ciel. Le château Frontenac, le bureau de poste, le séminaire avec ses pignons découpés, la basilique Notre-Dame sont les seules silhouettes dessinées sur l'horizon teinté de cramoisi, d'orangé, de jaune. Ces paysages, que je contemplais tous les jours, me semblent disparus à jamais. Au couvent, de nombreux bâtiments centenaires, sévères, arides, entourés de hauts murs, forment un vase clos qui fait obstruction au paysage.

Habituée à jouer seule, ces premiers mois me sont pénibles. Je ne sais pas communiquer avec mes compagnes, ni avec les religieuses. Personne ne me parle de mon père, personne n'essaie de m'encourager ; peut-être par délicatesse ou par pudeur... De peur d'aviver ma peine ?... Je ne sais pas ! Aucunement préparé à faire face à ce milieu, souvent mon cœur se serre à m'étouffer.

Depuis, la vie m'a beaucoup bousculée. Je dois dire qu'elle m'a aussi choyée. Mais, en me remémorant ces premiers jours de pensionnat, j'éprouve ce petit pincement familier, cette sensation de délaissement, d'extrême solitude qui ne m'a jamais vraiment quittée. À la longue, j'ai appris à aimer la vie de couvent, cette atmosphère austère mais sereine m'a apporté la quiétude.

Je vis toujours dans mon univers, avec mes propres rêves, mes propres réalités, ce qui me rend difficile l'observance des consignes. J'envie les élèves sages qui marchent à la tête de la division. Dans mon esprit, un prestige les entoure. En ce qui me concerne, jamais je ne réussis à observer tous les règlements, et à accéder ainsi à une place convenable. Un manque se fait toujours sentir quelque part. Cependant, si je me souviens bien, cela ne me dérange pas outre mesure. En Roger-bon-temps que je suis, ma philosophie me dicte qu'il doit y avoir pire.

* * *

Durant ce premier séjour au couvent, je ne reçois pas de visiteurs réguliers. Quelques amies de maman viennent au parloir. Elles m'apportent des gâteries, mais me font aussi réaliser dans quelle solitude je vis. Ma mère est à des centaines de milles et mes sœurs trop jeunes pour venir me voir.

Mon oncle, monseigneur Laflamme, curé de la basilique de Québec, et attaché au monastère par cette fonction, connaît bien les religieuses. Frère de mon père, et bien affecté par sa disparition, il est devenu son tuteur à la mort de leurs parents. Ces derniers ont pris le chemin du cimetière à trois jours d'intervalle. Alors que papa a dix ans, mon oncle en compte vingt et un. Il étudie la théologie et insiste pour que son jeune frère poursuive ses études classiques au Collège de Lévis, ce qui lui permettra, plus tard, de continuer en génie civil. Ces responsabilités créent des sentiments plus vifs entre les deux frères ct provoquent une affection quasi filiale chez le plus jeune à l'égard de son aîné. La mort de papa, à peine âgé de quarante-deux ans, porte un dur choc à son frère. Aussi, mon oncle reporte toute son affection sur nous, ses nièces, et nous traite un peu comme ses enfants.

Quand il voyage en Europe, surtout à Rome, où il est appelé par ses fonctions de protonotaire apostolique, il m'écrit de longues lettres et m'adresse de nombreuses cartes postales. À son retour à Québec, il me rend visite au pensionnat. Comme il ne s'astreint pas aux heures réglementaires de parloir, cela provoque un grand branle-bas. On vient me chercher durant un cours. J'enlève mon « couvre-tout » (genre de sarrau qu'on porte aux heures de cours). On vérifie mon uniforme, on me peigne et m'astique, et, vite, il ne faut pas faire attendre un personnage aussi important ! Dans le sévère parloir des religieuses, muni de doubles grilles, je ne peux pas embrasser mon oncle et encore moins m'asseoir sur ses genoux. J'ai toujours eu de bons rapports avec mon parrain, mais au couvent ils sont empreints de rigidité — lui, mon oncle, assis sur une chaise droite d'un côté, les doubles grilles nous séparant, et moi, assise sur une chaise droite de mon côté. Rien qui puisse favoriser la familiarité. La pénombre et la froideur des lieux rendent la conversation difficile. Mon parrain se doute jusqu'à quel point la perte de mon père adoré m'est douloureuse et il sait très bien que la situation me pèse. Mais comment consoler une enfant de onze ans sans la toucher, sans la cajoler un peu ? Malgré tout, il me rend visite quelquefois, surtout durant l'absence de ma mère. Quel appui il m'apporte en me remémorant des souvenirs de papa !...

La tenue vestimentaire des religieuses

Dans les années 1920 et 1930, les religieuses portent encore le costume des mères ursulines de la congrégation de Paris. Le même qu'au XVIIe siècle, et ce jusqu'en 1954, date à laquelle les autorités du diocèse modifient quelque peu leur habillement.

Tout d'abord, le costume est conçu pour parer aux intempéries, et surtout faire rempart aux regards concupiscents. Sur de nombreuses épaisseurs de toile blanche, aucun tissu noir ne touchant la peau, les religieuses portent un double vêtement : celui de dessus, une lourde robe de serge noire forme de longs plis à partir des épaules. Une ceinture en cuir, d'où tombe un chapelet, enserre la taille. De larges manches dissimulent les mains et se replient pour faciliter le travail. Un bandeau blanc entoure le front et cache les sourcils, ne laissant pas deviner la couleur des cheveux. Une guimpe en toile blanche très empesée limite les mouvements des bras, entre autres contraintes. La *Règle* défend aux religieuses de toucher les enfants, elles ne doivent pas les prendre par la main, ou avoir avec elles de contact de quelque manière que ce soit. On ne tolère aucune marque de sympathie perceptible, à moins de circonstances exceptionnelles.

En hiver, les religieuses portent un châle noir, drapé sur la tête et les épaules, et des couvre-chaussures qu'elles enfilent par-dessus leurs souliers. Parlons de ces souliers ! Plats, fabriqués au monastère dans un cuir souple, ils ne font aucun bruit au contact du sol. Ils n'ont ni pied gauche ni pied droit, par souci d'économie ; le soir au coucher, la religieuse croise les pieds en les enlevant et le lendemain, au saut du lit, elle les chausse comme tels, afin d'en assurer l'usure égale. On ne badine pas avec le vœu de pauvreté.

Les religieuses n'emploient jamais les possessifs *mon*, *mien*, mais bien *notre*. Rien ne leur appartient en propre. À l'occasion, les élèves offrent un cadeau, soit un livre, un stylo, ou autre. La destinataire le remet à la communauté et la supérieure décide qui doit en faire usage.

À leur arrivée à la chapelle, les religieuses se prosternent jusqu'au sol. Seul un froissement de chapelet peut attirer l'attention. Elles portent alors le manteau de chœur. Cette longue cape s'attachant sous la guimpe forme une courte traîne. À une époque héroïque où le chauffage central n'existe pas, où un seul poêle chauffe le vaste endroit, il faut bien se protéger du froid. Je pense, ici, à notre rigoureux hiver canadien. Lorsqu'aux premières heures du jour les moniales se livrent à une méditation d'environ une heure, suivie des offices du matin, ce vêtement les préserve, tant soit peu, de cette atmosphère glaciale. Seul inconvénient, les dix livres de ce manteau, à la longue, pèsent lourd sur les épaules.

Quand les élèves arrivent à la chapelle pour la messe de six heures trente, le spectacle des religieuses en prière ne manque pas d'impressionner. Chacune est assise dans sa stalle de bois sculptée. Leur uniformité forme une symphonie en noir et blanc sur fond mordoré. Dans cette lumière tamisée, il nous semble nous retrouver dans un autre siècle, dans un monde éthéré.

Avant 1960, les sœurs converses forment une communauté séparée de celle des religieuses de chœur. Leur habillement diffère quelque peu de celui de ces dernières. La guimpe blanche, moins empesée, ne descend qu'à mi-bras et le bas de la robe ne cache pas les souliers. Les fonctions de ces sœurs à l'entretien, à la cuisine et au jardin, demandent plus de liberté de mouvement. À la chapelle, leur manteau se porte plus court. Durant leurs activités, plus effacées, un tablier soit blanc, soit rayé bleu et blanc, selon l'occasion, complète leur costume.

Au cours des années 1960, l'Église emboîte le pas aux mouvements de modernisation. Les converses et les religieuses de chœur ne forment qu'un seul groupe, ce qui s'avère plus démocratique.

En 1954, les autorités ecclésiastiques modifient le costume afin de le rendre moins contraignant. Le bandeau blanc ne cache plus les sourcils, offrant ainsi un grand soulagement. Finis les maux de tête exaspérants ! Pour libérer les mouvements des bras, la guimpe se découpe davantage. Enfin, à partir de 1960, les restrictions vestimentaires s'allègent d'année en année, jusqu'au costume laïque contemporain. La nouveauté de l'uniforme, fort appréciée par certaines religieuses, soulève des objections chez les plus âgées. Bien enracinées dans la tradition, elles se sentent plus à l'aise en portant le voile et quelques vestiges de leur ancien costume accepté en prononçant leurs vœux d'adhésion à la vie de moniale. Plus les années sont nombreuses depuis leur profession, plus la décision de changer est pénible. Toutefois, la plupart se sont bien adaptées. De nos jours, lors de l'Amicale, nous ne reconnaissons plus nos mères portant costume et sans voile. Il suffit seulement de quelques mots pour réaliser que la chaleur du cœur est toujours là.

Les élèves

Jusqu'en 1913, l'uniforme est réservé pour les jours de parloir, les dimanches et fêtes. Depuis, de rigueur tous les jours, les élèves s'habillent d'une robe noire ou blanche, à larges plis au corsage et à la jupe. Une petite dentelle agrémente le collet militaire et les poignets. Le costume blanc se revêt les jours de fêtes, de réceptions et de distribution des prix. Plus léger, on peut aussi le porter durant les journées chaudes de mai et de juin, à condition d'en avoir un de rechange. Des bas et des souliers assortis complètent le tout. La longueur des jupes, à huit pouces de terre dans les années 1930, se stabilise, plus ou moins, au bas du genou par la suite. Vers les années 1940, le costume se transforme radicalement. Il consiste alors en une tunique marine, assortie d'une blouse blanche.

Les vêtements utilisés pour l'extérieur, en hiver, comprennent, suivant la mode, des manteaux « Red River » confectionnés de laine marine et se portant avec tuque, bas, mitaines et ceinturon de laine rouge ou bleue. Durant les années 1920 et 1930, les fibres synthétiques, le velcro et tout ce qui, aujourd'hui, facilite l'habillage et le séchage, n'existent pas encore. Sous le lourd manteau, en plus de notre uniforme, nous enfilons des « bloomers », communément appelés des « culottes à grand'manches ». En seconde division, mère Saint-Victor ne tolère pas le mot « culotte ». Si j'ai bonne souvenance, on les appelle alors des « bouffants », désignation très juste, car ils n'ont rien d'amenuisant, ajoutés sur la robe, le jupon, le corset et les sous-vêtements. Un élastique à la taille et aux genoux les tient en place. Par-dessus les souliers, des « grands bas » en lourd tricot de laine rejoignent les « bouffants » au-dessus des genoux ; organisation sommaire qui cause des engelures, les deux parties ne tenant pas toujours aux places assignées. Les mitaines, vite trempées, et toujours humides malgré le séchage interminable, n'offrent pas une protection adéquate. Je me souviens de mes mains rouges à longueur d'hiver. Il va sans dire que la teinture y est aussi pour quelque chose. Pour compléter l'équipement, on chausse des « claques » (caoutchoucs comme en portent aujourd'hui les hommes), par-dessus les bas de laine qui recouvrent les souliers. Elles glissent des pieds, surtout la première année : nos parents (en quête d'économie, la crise sévissant toujours) les achètent un peu plus grandes afin qu'elles durent deux ans. Dans la neige épaisse, les « fichues claques » ne suivent pas nécessairement les pieds. Il s'agit alors de les récupérer sans faute. L'année suivante, elles deviennent trop petites et causent d'autres problèmes, et surtout les déchirures !

Que dire du vestiaire ? Il est entouré de calorifères destinés à sécher tout l'équipement. On y place bas, mitaines et autres lainages, mais on arrive rarement à les sécher parfaitement. Aujourd'hui, encore, cette senteur de laine mouillée ramène des souvenirs de glissades, de patinage, de constructions de « forts » genre d'enceintes construites avec des blocs de neige, où chacune se retranche afin de « motter » les adversaires. Souvent, on attrape, à leur insu, quelques compagnes avec qui on a maille à partir.

Il faut bien avouer que tous ces tracas vestimentaires ne nous empêchent pas d'apprécier les plaisirs de notre saison blanche. À l'époque, nous tenons pour acquis ces inconvénients et ce n'est que de nos jours que nous réalisons jusqu'à quel point tout a évolué, tout est plus facile et combien plus confortable : les enfants sont beaucoup plus à l'aise dans les vêtements moins lourds, plus imperméables. Il faut voir une cour de récréation des années 1990. On dirait un parterre de fleurs multicolores, tout de gaieté, de confort surtout !

Les aspirantes

À l'époque, comme leur nom l'indique, les « aspirantes » anticipent d'entrer chez les sœurs converses. Elles viennent, le plus souvent, de la campagne et, pour de multiples raisons, ne peuvent pas devenir religieuses de chœur. Le couvent les accueille encore jeunes afin de leur donner une éducation sommaire. Soumises à un régime d'études et de pensionnat, un peu comme les élèves, elles habitent un département séparé du nôtre. Certaines jeunes filles, bien qu'instruites, choisissent de servir Dieu dans le rôle plus effacé de sœur converse. Elles entrent en religion sans passer par ce département. Les aspirantes plus âgées s'acquittent de messages à l'extérieur. Quelquefois, une pensionnaire, avec la permission de ses parents, doit sortir pour se présenter chez le dentiste ou pour toute autre raison valable, ou d'urgence. Une aspirante l'accompagne. La consigne veut que cet ange gardien la suive dans toutes ses courses, mais qu'elle marche trois pas en arrière et ne lui adresse pas inutilement la parole, comme le voulait l'usage au siècle dernier. Dieu merci !, cette coutume est tombée en désuétude il y a longtemps !

Les « ma tante »

Nous appelons les religieuses « mère ». Comme, en religion, les converses sont les sœurs des mères, une très belle coutume veut que nous les appelions « ma tante ». Une certaine tendresse les attache aux élèves et nous leur rendons bien la pareille. Quelques-unes couchent dans les dortoirs pour en assurer la surveillance de nuit. Mais celles qui nous gâtent le plus s'affairent à la cuisine. Quand, attirée par une bonne odeur de galettes, fraîchement sorties du four, je ressens une fringale, en douce, je passe la tête dans la porte et dis : « Bonjour « ma tante », comme ça sent bon chez vous ! » Vite, elle me refile une délicieuse galette, ou bien encore une beurrée de pain frais, encore chaud. Quel délice ! Mais il faut faire vite... Défense de manger en dehors des heures réglementaires !

À l'occasion, les « ma tante » cirent le parquet de notre salle de récréation. Vu la surface importante à faire reluire, nous, les élèves, passons des « *pichous* », genre de petits chaussons de grosse laine, que nous enfilons par-dessus nos souliers. Nous polissons le plancher à force de courir d'un bout à l'autre de la pièce. Inutile de dire que les volontaires affluent. Quel superbe moyen de dépenser le surplus d'énergie dont nous avons une réserve sous-estimée !

En d'autres occasions, les « ma tante » travaillant au jardin nous donnent une pomme, une tomate ou quelques prunes. Il faut être vigilantes, car nous nous trouvons sur un terrain interdit, ce qui, bien sûr, augmente le plaisir de l'escapade. Les fruits défendus ne goûtent-ils pas toujours meilleur ?...

En somme, comme les « ma tante » n'ont jamais l'occasion de nous discipliner, mais plutôt de nous gâter, nous gardons d'elles un souvenir savoureux.

La vie au couvent

Vous vous demandez sans doute comment des enfants de six, huit, seize ans peuvent être heureuses dans une ambiance aussi sévère ?

Tout d'abord très disciplinées et sereines, les religieuses laissent rarement voir leur mauvaise humeur. À l'occasion, elles désapprouvent certains écarts à la règle, mais elles le font de manière charitable. En second lieu, elles aiment les enfants. Leur vie entière se partage entre l'amour de Dieu et le dévouement à ses créatures privilégiées. Les pensionnaires s'épanouissent dans un climat de tranquillité et de justice. Il se dégage de ce monde une atmosphère de sérénité et de calme. Plusieurs facteurs contribuent à cette ambiance. D'abord et surtout le silence. De sept heures du soir à sept heures du matin, le *grand silence* est de rigueur. Aucun bruit n'est toléré sous peine de perte importante de notes. À l'étude du soir, il faut sortir de son pupitre tout ce dont on aura besoin pendant la période afin de ne pas l'ouvrir et le fermer, éliminant ainsi les bruits superflus. Les devoirs se travaillent à l'étude du matin et de l'après-midi. Celle du soir est consacrée à la mémorisation de textes ou à la lecture si nous avons terminé notre ouvrage. Les rêveries, admises, ne dérogent pas à la règle. Il en est de même au dortoir : nous n'avons que quelques minutes pour nous mettre au lit et, jusqu'au matin, on n'entend que quelques ronflements discrets. À l'occasion, un découragement, un ennui subit, se traduit par une crise de larmes. Le tout étouffé dans l'oreiller. Les sanctions aux infractions du *grand silence* sont le double de celles qui sont appliquées aux manquements de la journée.

Les soirs de juin, le soleil est encore haut à l'horizon quand nous montons au dortoir, à huit heures trente. Les larges fenêtres ouvertes laissent pénétrer les murmures de la ville. Bruits sourds des tramways électriques, bruits des voitures sur les pavés de pierre, bruits des sabots des chevaux tirant des calèches… Le sommeil se laisse tirer l'oreille. « La folle du logis s'en donne à cœur joie. » Dans quelques jours, nous aurons franchi les murs de notre couvent et nous irons rejoindre ce *monde* si mystérieux, dont on ne saisit que les rumeurs.

Certaines d'entre nous dorment leurs dernières nuits avant de quitter le pensionnat pour toujours. Que d'appréhensions ! Que d'attentes aussi ! L'avenir s'ouvre immense devant celles qui partent. Sauront-elles être à la hauteur du destin qui les attend ?

Les récréations nombreuses nous permettent, littéralement, de « lâcher notre fou ». Cependant, nous respectons le silence dans les corridors et aux repas, exception faite pour les jours de congé.

⋆ ⋆ ⋆

L'étape la plus importante de mon cheminement culturel demeure, sans contredit, mon séjour au pensionnat des Ursulines. Le programme d'études n'est pas encombré par mille sujets, les matières importantes comme le catéchisme, le français, l'anglais, les mathématiques, l'histoire, priment sur les autres cours. Souvent les récréations donnent lieu à des discussions, à des recherches, à des comparaisons et à toute une activité littéraire. Surtout les jours de pluie ou de tempêtes, où, à l'intérieur, nous avons accès à la bibliothèque et ainsi à de nombreuses sources de références. Étant retranchées de la vie du monde, nous avons notre propre univers culturel.

Horaire d'une journée typique des années 1928-1930.

6 h 00 - Lever, toilette
6 h 30 - Messe
7 h 00 - Déjeuner, suivie d'une courte récréation
8 h 00 - Étude
9 h 00 - Cours de catéchisme ou de religion
Selon le cas :
9 h 45 - Cours de français : lundi, mercredi, vendredi
9 h 45 - Cours d'anglais : mardi, jeudi, samedi

Les cours de français et d'anglais sont sur le même pied. À cette époque, le couvent reçoit plusieurs élèves américaines et canadiennes-anglaises. En plus d'apprendre le français, elles poursuivent leurs études dans leur langue. Nous sommes classées selon nos compétences dans chacune des disciplines. Nous pouvons travailler en deuxième en anglais et en troisième en français ; ainsi, nous profitons au maximum de nos cours, ne perdant pas de temps avec des élèves moins avancées.

11 h 20 - Retour à la division
11 h 30 - Repas du midi suivi de la récréation
13 h 00 - Géographie, histoire ou science
13 h 00 - Quart d'heure à la salle d'étude
14 h 00 - Mathématiques
15 h 00 - Goûter et courte récréation suivie du cours de couture, musique, dessin, etc.
16 h 00 - Étude
17 h 30 - Souper, récréation
19 h-20 h 30 - Étude pour les secondes et les grandes
21 h 00 - Coucher. Repos bien mérité

Le programme scolaire des jeunes filles est moins élaboré qu'aujourd'hui. Il débute chez les petites avec la septième classe et se continue jusqu'en première. Viennent ensuite la classe de brevet et le cours supérieur pour lesquels, en plus de passer les examens de l'institution, nous devons subir les épreuves du département de l'Instruction publique de la province de Québec. Nous terminons nos études avec la graduation du cours supplémentaire.

Chacune des maîtresses de classe prépare son cours et enseigne sa spécialité. Autant de matières, autant de religieuses rencontrées. Nous avons cinq minutes entre chaque séance pour aérer et changer de local s'il y a lieu. Après des salutations mutuelles et une courte prière, nous entamons une autre matière.

À cette époque, les cours d'histoire nous ensorcellent. Outre l'histoire du Canada, avec accent mis sur l'histoire du Québec et les saints fondateurs, et l'histoire de France, nous devons *digérer* les noms barbares de nombreux rois de l'histoire d'Angleterre. L'histoire sainte, plus colorée, ne manque pas de nous en imposer. Plus tard, l'histoire générale, puis l'histoire ancienne nous permettent de coordonner les événements remarquables de l'Antiquité à nos jours.

Les Ursulines ont publié, pour les enfants de l'élémentaire, des petits fascicules d'une cinquantaine de pages, dans lesquels on trouve des résumés de l'histoire sainte, de l'histoire de France et d'Angleterre, et de nombreux tableaux synoptiques que nous étudions en quatrième, troisième et deuxième classes. À la bibliothèque de l'Université Laval, récemment, j'ai feuilleté, avec émotion, quelques-uns de ces petits volumes de 17 cm, qui se présentent sous forme de questions et de réponses.

Au début du *Rapide aperçu de l'histoire sainte,* on nous prévient, et je cite : « Beaucoup de faits ne sont pas mentionnés dans cet aperçu pour la raison que l'élève doit les connaître. Elle trouvera cependant un grand avantage à les relire ailleurs »... On présume sûrement de notre degré de connaissance !

Plusieurs religieuses étant de langue anglaise, nous les appelons, « mother ». Mother Sainte-Eulalie nous enseigne la géographie. Dans quels voyages intéressants elle nous guide ! Elle choisit un endroit où nous devons nous rendre, en esprit bien sûr, puis faire part de nos expériences fictives, ramener des souvenirs potentiels, et parler des populations locales. Ces périples imaginaires nous conduisent ainsi à travers le monde entier. Il faut dire que cette religieuse, née en Angleterre, avait beaucoup voyagé ; elle a su nous inculquer l'amour de la géographie et du voyage. Il n'y a pas un pays dont nous ne connaissions la capitale, les principales villes, les importations, les exportations et tant de choses intéressantes. Tout cela présenté de manière à nous fasciner au plus haut point ! Un petit souvenir récompense l'auteur du récit le plus captivant. Évidemment, nous prenons plaisir à étudier les pays les plus exotiques, aux coutumes les plus cocasses ; où les habitants se promènent nus, par exemple. La bonne mère ne sourcille pas. Elle nous enseigne la géographie et ce que cela comporte. Voilà tout !

Mother Saint-Georges nous fait apprécier la littérature anglaise, à partir d'extraits soigneusement sélectionnés, il va sans dire. Possédant une grande érudition et une allure racée de grande dame, elle nous traite de la sorte. Quand elle veut s'assurer que nous avons compris, elle nous demande, « Young Ladies, kannez-vous ? » (comprenez-vous ?) Si ma mémoire est bonne, la prononciation française ne lui vient pas facilement. Les élèves l'appellent « mother cannez-vous ». J'ai même eu un peu de difficulté à me souvenir de son vrai nom. Mais je n'ai jamais oublié ses cours et, dans mon cahier d'extraits, je retrouve encore des vers mémorisés alors : les poètes anglais Shakespeare, Byron, Keats, Milton, voisinent sans problèmes avec Victor Hugo, Alfred de Musset, Alfred de Vigny et les autres.

Il ne faut pas oublier notre grande mathématicienne, mère Saint-Louis. D'allure sévère, sans un mot plus haut que l'autre, toujours très aimable, elle nous conduit à travers les méandres de l'arithmétique, de la géométrie, de l'algèbre, nous explique, avec calme et précision, tous les problèmes.

Cependant, le français prime toujours par la qualité de l'enseignement donné. L'apprentissage de la littérature et de l'écriture va de pair avec l'orthographe. Chaque matin, nous prenons un texte en dictée. Par la suite, nous corrigeons le travail d'une de nos compagnes, différente tous les jours. Nous mémorisons aussi l'orthographe d'une vingtaine de mots. Aux Ursulines, on ne badine jamais avec l'étude de la langue. Nos institutrices très cultivées, dont mère Sainte-Marie, qui enseigne dans les classes avancées, ont toutes à cœur de nous léguer leurs connaissances. Elles nous dirigent à travers les grands classiques, Corneille, Molière et, bien entendu, les contemporains. Quelquefois, nous montons pour la scène une pièce de théâtre ou une comédie de ces maîtres, que nous présentons à la salle de réception, sous l'œil critique de nos mères et de nos compagnes. Comme il nous faut préparer le décor et les costumes, une bonne mesure d'imagination s'impose. Les personnages masculins nous créent de vrais maux de tête. Pas question de présenter une élève portant un pantalon. Alors comment s'y prendre ? Les longues redingotes de l'uniforme des élèves du Séminaire, « les suisses » comme on les appelle à ce moment, nous sont d'un grand secours. Plusieurs élèves ont des frères dans cette institution et l'emprunt est relativement facile. Malgré les difficultés, nous nous en tirons avec honneur. Quel plaisir de se libérer du règlement et de jouir de permissions spéciales, et surtout de parler aux heures où les autres élèves observent le silence ! Toutefois, le « grand silence », à partir de sept heures, n'échappe pas à la règle, il faut l'observer en tout temps et en tout lieu.

* * *

À la suite du cours de treize heures, nous avons congé les jeudis et samedis après-midi. Le jeudi, nous avons du parloir de quatorze à seize heures. Le samedi nous procure une période non structurée, que nous attendons avec impatience. Nous pouvons alors organiser notre emploi du temps à notre guise. Toujours en silence, évidemment. Il n'y a que le jour de la rentrée où nous jouissons de complète liberté. Donc, le samedi, vers quatorze heures, nous montons au dortoir. Nous changeons nos lits. Encore là, quelle dépense d'énergie ! Nous secouons nos draps et les faisons claquer à qui mieux mieux ; tout en silence, il va sans dire. Nous lavons nos cheveux et une compagne nous aide à les sécher, en catimini et sans mot dire, bien entendu ! Quels fous rires étouffés !

Le samedi fournit à la plupart d'entre nous l'occasion de prendre l'unique bain de la semaine. Les quatre ou cinq petites alcôves en enfilade n'ont rien de l'appel à la concupiscence qu'ont les salles de bains d'aujourd'hui. Elles sont éclairées d'un filet de lumière venant de l'extérieur par un vasistas. Un bain à pattes, en tôle peinturée vert, ceinturé de bois de couleur naturelle, et une chaise en constituent le sobre ameublement. Il faut surtout faire vite. Chez les petites, la maîtresse de division, tout en n'insistant pas indûment, vient vérifier si nous nous acquittons convenablement de notre nettoyage.

Les différentes tâches d'hygiène personnelle accomplies, il reste à coudre la dentelle au collet et aux poignets de nos uniformes, en la fixant au point de faufil. L'expérience nous prouve que le travail doit être bien exécuté, pour que le tout demeure en place une semaine entière, sinon... les sanctions ! Perte de points en économie domestique ! Une dernière opération : cirer nos chaussures... et qu'elles reluisent ! Encore un exercice qui demande un surcroît d'énergie !

À seize heures, nous nous retrouvons à la salle d'étude pour la séance de notes. Nous devons conserver cinq notes de politesse : envers les religieuses, envers nos compagnes, dans le langage, au réfectoire et à la chapelle. La maîtresse de division en profite pour nous inculquer des notions de charité, de justice et de bienséance. Quelquefois, d'habiles remarques sont dirigées vers l'une ou l'autre des élèves. Toutes se reconnaissent sans être nommées !

Le dimanche matin, la cérémonie hebdomadaire des notes de conduite nous réunit dans l'ample salle de récréation. Rangées selon nos mérites, nous déclarons, à tour de rôle, le nombre de points perdus et dans quelles circonstances nous avons fauté. La règle veut que le maximum à conserver soit de quatorze notes : conduite, ordre, ponctualité, économie domestique, etc. Nous fonctionnons sous un système de libre arbitre. Si l'élève indique avoir perdu deux notes, quatre notes, c'est inscrit tel quel dans le cahier, sans questionnement. Toutefois, la seconde maîtresse de division consigne, dans son petit calepin noir, les infractions dont elle est témoin au cours de la semaine. Si, après un laps de temps, elle se rend compte qu'une certaine élève a la mémoire courte, elle la convoque à son bureau et lui en fait la remarque. À l'occasion, il y a oubli sans préméditation, oubli pur et simple, aucun drame ! Mais il ne faut pas que ce manquement se reproduise trop souvent, ce qui indique un problème plus grave et demande correction.

Ce procédé de libre arbitre nous forme à assumer nos responsabilités, non seulement vis-à-vis de nous-mêmes, et face à nos enseignantes, mais aussi devant des juges beaucoup plus sévères, nos pairs, nos compagnes, qui, elles, ne font pas toujours preuve de charité chrétienne ou d'indulgence. Je me rappelle bien quelques élèves avec qui j'ai parlé, soit dans les rangs, soit ailleurs. La mémoire semble les avoir quittées, elles ne se souviennent de rien quand arrivent les séances de notes. Alors que je m'accuse, et qu'elles restent muettes, elles méritent un bien meilleur rang que le mien, ce qui n'arrange pas leur réputation !

Pensionnaires chez les Ursulines vers 1932.

Au réfectoire

Les religieuses se font un devoir de ne jamais lésiner sur la qualité de la nourriture. Le choix et la variété des aliments facilitent, sans contredit, l'acclimatation des élèves.

Au réfectoire, la grande pièce est éclairée par une série de fenêtres, donnant sur la cour de récréation des grandes. Nous sommes assises à de longues tables, où, dans un tiroir, sont remisées notre coutellerie personnelle avec notre serviette de table. Après le bénédicité, les repas sont pris en silence ; de nombreux signes de la main facilitent l'acheminement des plats : le poing fermé signifie de passer le pain ; un doigt sur le rebord de la table : le beurre ; en se frottant les doigts, on demande le sel et le poivre ; la *chaudière* est expédiée si nous formons un poing avec l'index relevé.

Parlons de cette chaudière : toute bosselée, en tôle ou en fer-blanc, elle date sûrement du début de la colonie ! Remplie d'eau chaude et sentant le savon du pays fabriqué au couvent, elle permet à chacune de laver sa coutellerie. La vaisselle et les plats retournent à la cuisine pour le nettoyage.

À table, les serveuses sont choisies au hasard (je me porte souvent volontaire pour cette activité). Elles s'assoient au bout du banc et circulent du réfectoire à la cuisine afin d'assurer le service. Une fois le repas terminé et les élèves sorties, les « ma tante » apportent leurs plats gardés au chaud. À l'occasion, elles ont droit à de petites gâteries ! Tout est bon pour sortir du règlement !

Aux déjeuners, toujours copieux, on nous offre : le gruau épais, que nous ne manquons pas de masquer de cassonade, le pain beurré et, suivant les jours, le beurre d'arachides ou les cretons. La graisse de rôti, quel délice ! (Chez moi, plus tard, je n'ai jamais réussi à avoir une partie gélatineuse aussi importante que celle constituée par la graisse de dessus.) Un matin, alors que nous accusons un peu de retard pour finir le déjeuner, la maîtresse de division fait parvenir un message aux salles de musique où les élèves risquent de ne pas arriver à temps. Elle indique que la faute en est à la graisse de rôti, tant appréciée des élèves. Comme boisson, on nous sert un café de céréales : un peu sucré, un peu laiteux, un peu gris. Rien pour nous faire grimper dans les rideaux !

Le dîner comprend une soupe consistante, un plat principal : macaroni à la viande, tarte au bœuf avec marinades maison, ou boulettes de steak haché avec ketchup vert maison, et des légumes. À ce sujet, la cuisinière fait remarquer qu'il faut transformer un quartier de bœuf en entier pour produire les 1600 boulettes requises pour un seul repas. Les vendredis et les nombreux jours d'abstinence, on nous présente du poisson, des omelettes gonflées au four. Les mets préférés demeurent, sans contredit, les pâtés au saumon ou aux pommes de terre, arrosés de sauce à la tomate. Aucun ordre ne régit les menus très variés, et les quantités suffisent à satisfaire l'appétit de jeunes *ogresses !*

Toutes les pâtisseries sont cuites, et ce jusqu'en 1961, dans le four à bois qui se trouve dans la vieille partie du monastère. Ce four peut accommoder vingt-neuf tôles de douze pouces sur dix-huit. Après le premier incendie du couvent, en 1650, un nouvel édifice est construit sur les anciennes fondations. Cette fois, le four ainsi que le puits sont à l'intérieur. Creusé à même le roc du cap Diamant, il date du temps de Marie de l'Incarnation. On peut encore le voir de nos jours.

Les religieuses savent aussi qu'à cet âge les enfants raffolent de sucreries. Les goûters apportent leur part de douceurs. Là, on varie à l'infini ! Tartines à la mélasse — nous attendons pour nous servir en dernier, les tranches du dessous étant plus imbibées de sirop, pommes, prunes, bananes, etc. Les jours de fêtes ou de congé, on nous offre des carrés de sucre à la crème, de *fudge* ou de sucre d'érable d'environ quatre pouces sur quatre, d'un bon pouce d'épaisseur et servis avec du pain sec. À noter qu'il ne faut pas trop s'éloigner des plats, si on veut se servir une seconde fois. Aux repas, les desserts sont aussi diversifiés : tartes aux pommes, à la *pichoune* aux fraises, au citron, gâteaux, pain d'épices, galettes de toutes sortes, dont quelques-unes sont glacées à la vanille et colorées d'une teinture rose. Il ne faut pas oublier les excellentes « confitures aux noyaux », confectionnées avec les petites prunes rouges du jardin. Enfin, tout pour contenter les « bibites à sucre » que nous sommes !

Tout en observant une tradition de qualité tous les jours, les cuisinières soulignent certaines fêtes par des menus spéciaux. Le jour de prise d'habit des jeunes novices, on nous sert une « talmousse », genre de pâtisserie appelée de nos jours chaussons aux pommes, arrosée d'une sauce à l'orange et à la cassonade. Tout simplement délicieux ! À bien y penser, quel travail que de confectionner des gâteries en si grande quantité !

Le 25 novembre, jour de la Sainte-Catherine, les religieuses nous accordent un congé après le cours de treize heures. Les « ma tante » préparent la « tire » et, nous, les grandes, pouvons l'étirer. Quelle tradition amusante et savoureuse ! Nous travaillons longtemps et arrivons à produire une belle tresse blonde qui agrémente notre collation et celle de nos compagnes.

L'INFIRMERIE

Le matin, au lever, quelques-unes d'entre nous éprouvent de légers malaises : la grippe, la fatigue ou même un brin de paresse quelquefois. Nous avons alors la liberté de ne pas assister à la messe et de descendre à l'infirmerie. Nous l'indiquons à la maîtresse de division, qui ne pose pas de question. La religieuse-infirmière s'occupe de nous, nous donne le médicament approprié, vérifie la température ou simplement nous offre un oreiller et une couverture et indique un des sofas où nous pouvons continuer à nous reposer. Quelques bons fauteuils font aussi l'affaire pour se dorloter un moment. Nous allons ensuite rejoindre nos compagnes au réfectoire. Si nécessaire, nous demeurons à l'infirmerie en attendant la visite du médecin. Un petit dortoir de trois ou quatre lits, tout blancs, attenant à la salle d'infirmerie, permet la surveillance d'un enfant malade. Mais la pauvrette se sent bien loin de son monde, seule, dans cet endroit retiré. Je le sais par expérience, ayant eu un début de mastoïdite à la fin d'une année. Après deux longs jours, j'ai pu rentrer à la maison. Mais de quels soins attentifs et de quelle bienveillance ai-je été l'objet !

L'Ordo

À la fin de chaque semestre, la séance de bulletins revêt une plus grande solennité. Toutes invitées, les religieuses de la communauté viennent constater les résultats de l'enseignement et de la conduite des élèves. On appelle cet exercice l'« Ordo ».

À cette occasion, tout reluit de propreté : le plancher de la grande salle de récréation est lustré comme une glace. Les bancs à hauts dossiers, sur lesquels nous ne pouvons nous tenir que droites, forment un U tout autour. À l'entrée, sur une longue table, attendent bien en ordre les bulletins, les « boucles » et les « agrégés ». Le tapis vert rehausse la brillance des médailles. Au garde-à-vous, les pieds en troisième position, nous accueillons mère supérieure et sa suite. Elles prennent place lentement et dignement.

Après un mot de circonstance, chacune est appelée à son tour et se présente à la table. Les élèves sages n'ont pas trop de difficulté à franchir l'espace qui les sépare des religieuses, mais les autres, du milieu de la salle, doivent avancer d'une bonne distance sur un plancher fraîchement ciré. Selon les règles de la bienséance, une jeune fille bien élevée ne se déhanche pas, ne marche pas du talon, mais dépose le bout du pied, sans faire de bruit. Tout en maintenant son équilibre, elle avance, bien droite, les mains immobiles, de chaque côté d'elle. Quel tour de force ! Et ce n'est pas la fin des misères ! La supérieure examine chaque bulletin et passe des remarques judicieuses. Elle n'est pas toujours douce, la chère mère ! Je me souviens très bien d'une malencontreuse expérience où, ayant obtenu 10 sur 10, et première de classe en mathématiques, j'écope d'un *assez bien* de conduite. « Que s'est-il passé ? Votre maîtresse se dévoue pour vous et vous ne vous conduisez pas bien dans sa classe ? » me dit-elle. « Il faut que ça change, mademoiselle ! » Inutile de dire que cette invective, devant la communauté au grand complet, n'appelle aucune réplique. Le retour à ma place, aussi affligeant, face à mes compagnes, commande la même démarche élégante.

La distribution des bulletins achevée, la remise des médailles et des insignes clôture la séance. Les religieuses s'en retournent comme venues, sans aucun bruit, sauf celui du tintement du chapelet qui souligne leur déplacement. J'entends encore ce bruissement, comme si c'était hier !...

Les insignes

La « boucle », l'« agrégé » et le « grand ruban » : trois insignes du degré de sagesse et de discipline. On les mérite en observant toutes les consignes, en tout temps et en tout lieu. Ce qui se révèle plus difficile que de l'écrire !

La « boucle » se porte sur l'épaule droite ; l'« agrégé » consiste en une boucle, de laquelle part un ruban de même couleur qui se fixe à la taille, du côté gauche. Le « grand ruban », porté en bandoulière, forme un nœud à la taille pour retomber jusqu'au bas de la jupe. Les rubans sont de couleurs différentes pour chaque division : le rose pour la quatrième division, soit l'Enfant-Jésus ; le rose, aussi, pour la troisième, les Anges gardiens ; le rouge pour la seconde division, le Sacré-Cœur ; enfin, le bleu pour la première, les Enfants de Marie. Pour porter ces décorations, le bulletin mensuel doit afficher des *très bien en or*, ce qui revient à dire qu'un maximum de notes de conduite et de politesse doit être inscrit en encre dorée, ou au moins des *très bien noirs*, dans toutes les classes. Pour quelques élèves, au nombre duquel je compte, cela constitue un tour de force. La « boucle » demande deux mois consécutifs d'excellence ; l'agrégé, trois mois (je crois), et je n'ai jamais pu mériter le « grand ruban », qui demande une conduite exemplaire durant tout un semestre. C'est beaucoup demander ! Les « boucles » et les « agrégés » se distribuent aux séances de notes ordinaires, tandis que les « grands rubans » donnent lieu à de très belles cérémonies religieuses. La consécration à la Sainte Vierge… Hélas, pour d'autres que pour moi.

Ne pouvant devenir enfant de tout le monde : enfant de Jésus, des Anges gardiens, du Sacré-Cœur et de Marie, je suis demeurée comme je l'étais déjà, orpheline ! Non pas faute d'avoir essayé, mais faute de ne pas avoir réussi.

Les offices religieux

Quand, à l'aube, nous arrivons pour la célébration de la messe, un tableau inoubliable s'offre à nos yeux. Dans leurs stalles sculptées et patinées à la cire d'abeille depuis des temps immémoriaux, sous un éclairage tamisé, vêtues de leur manteau de chœur, dans une uniformité de noir et de blanc, les religieuses psalmodient les dernières notes de leur office matinal. Nous entrons, sans bruit, sur la pointe des pieds et surtout sans tourner la tête. Nous prenons nos places, combien impressionnées par cette scène mémorable.

Les messes sur semaine ne durent pas longtemps. Les recherches, dans nos gros missels vespéraux, nous tiennent intéressées et éveillées. Il faut trouver les prières et les oraisons pertinentes au saint patron du jour, ce qui demande une certaine dextérité pour se frayer un chemin à travers ce gros bouquin.

Au moment de la communion, on ouvre les grilles qui séparent le chœur de la chapelle intérieure. Les religieuses communient les premières et retournent à leurs stalles. Voile baissé sur leur visage, manteau de chœur formant traîne, les mains cachées dans les longues manches, elles semblent immatérielles dans leur uniformité. Elles avancent, sans mouvement perceptible, glissant pour ainsi dire sur le parquet vernis. Elles offrent un exemple inoubliable de respect, de recueillement, pour nous, les élèves.

À notre tour, chacune se présente librement à la sainte table. Aucune contrainte ne nous incite à communier. Les principes religieux inculqués nous laissent libres de pratiquer notre religion, tel que nous l'entendons. Jamais de questions personnelles posées sur la fréquentation des sacrements. La conviction doit suffire à diriger notre conduite. La communion terminée, les grilles se referment et chacune se recueille. À l'instar des religieuses, chez les grandes de la première division, nous baissons nos voiles sur notre visage, formant ainsi un temple qui facilite la ferveur. Malheureusement, ce geste provoque chez moi des distractions impardonnables. En effet, les lumières, les cierges, vus à travers les mailles de mon voile forment des fantasmagories, des tableaux psychédéliques de toute beauté et il me faut faire preuve de force de caractère pour ne pas me laisser emporter par le rêve.

D'autre part, le manque d'air est néfaste pour quelques-unes de mes compagnes qui, à jeun, éprouvent des faiblesses. Ce qui nous oblige à venir en aide à l'infortunée et à la conduire à l'extérieur, sinon elle pourrait glisser sous le banc, sans connaissance. Quel branle-bas ! Pensez-y donc, à la chapelle, durant le grand silence et à la face de toute la communauté ! Quelle distraction !...

Très vertueuses, nous avons grand-peine à refouler le fou rire, quand les borborygmes claironnants se répercutent d'un banc à l'autre, Que d'occasions malencontreuses pour perdre des notes de piété !

Rappelons ici qu'à cette époque le jeûne eucharistique est très sévère. Il n'est pas question de se présenter à la sainte table si nous avons mangé ou bu après minuit. Il faut même éviter d'avaler de l'eau en se brossant les dents. Cette règle de l'Église a aussi été modifiée peu à peu. Au début, on a parlé de trois heures de jeûne, puis d'une heure et, de nos jours, on n'en parle plus !

Je me souviens aussi d'une distraction qui m'a longtemps tracassée. Dans le chœur, faisant face à la chapelle intérieure, est déposée, bien en vue, une châsse contenant un crâne considéré par les élèves comme celui de Montcalm. Idée plausible, vu que ce dernier fut inhumé au pied du maître-autel en 1759. La brève cérémonie eut lieu à la lueur de chandelles, le soir de la bataille des plaines d'Abraham. Je me dis : le pauvre, dans quelles circonstances a-t-il perdu la tête ? Pourquoi l'avoir séparée de son corps ? Où se trouve le reste de son squelette ? Quelle énigme ! Les subtilités de notre histoire n'ont pas encore eu l'heur de m'émouvoir. Je ne veux pas mettre en évidence mon manque d'érudition face à ce héros national, et poser des questions qui pourraient m'éclairer. À ma grande déception, j'ai su plus tard, que les reliques de saint Clément sont déposées à l'autel du Sacré-Cœur et que son crâne est exposé dans le reliquaire. Toutes les inquiétudes que j'avais eues à propos de Montcalm n'étaient pas fondées !

Quant au véritable crâne de Montcalm, jusqu'à il y a quelques années, on gardait la châsse au « tour » afin de le montrer aux touristes qui en faisaient la demande. Après l'avoir bien examiné, quelques-uns s'informent : « Avez-vous d'autres crânes ?... Cartier... Champlain... peut-être ? » C'est malheureux, les religieuses auraient pu faire fortune !... Quant à celui de notre héros, depuis peu, paraît-il, on l'a inhumé. Après des protestations de gens bien pensants, le crâne a rejoint les restes du squelette de notre grand homme !

Les dimanches et les fêtes, nous communions durant la messe basse. Après le déjeuner et une courte récréation, la grand-messe nous rassemble de nouveau à la chapelle pour un office solennel, chanté en latin par la chorale des grandes. Et j'en suis ! Enfin, nous participons plus activement aux célébrations. Les chanteuses, réunies autour de l'orgue, jouissent du privilège d'observer la communauté en prière, en plus de regarder leurs enseignantes favorites, sans tourner la tête : comportement interdit lorsque nous occupons nos bancs réguliers.

Ce dont je me souviens des beaux offices de la Semaine sainte ? La piété et le respect des traditions. Cependant, au cours des trois derniers jours, il est difficile de maintenir la concentration durant les interminables heures de psalmodies auxquelles nous assistons. Le diapason donne la note du début des psaumes. Récités sans accompagnement, le ton baisse quelque peu vers la fin. Alors, après correction, les moniales entonnent une nouvelle antienne, et ainsi de suite durant environ deux heures. Alors que les plus jeunes profitent de vacances, les élèves de première et de seconde divisions ne sortent que le jour de Pâques. Pour ma part, et en ce qui concerne nombre de mes compagnes, ces offices plutôt fastidieux, chantés sur un ton monotone, risquent fort de nous endormir. Comment combattre le sommeil à la chapelle, sous les yeux de toute la communauté ? Les longues cérémonies demandent trop d'immobilité.

À partir du Jeudi saint, aucun carillon, aucune cloche ne se fait entendre. On annonce les divers offices au moyen de la « talette », genre de crécelle ou de moulinet de bois qui tourne bruyamment autour d'un axe. La religieuse en charge de l'annonce des messes, des vêpres et des autres offices parcourt les corridors avec son instrument tapageur et invite la communauté aux divers offices. Quelle joie nous habite lorsque, comme on le dit alors, « les cloches reviennent de Rome ». À midi, le Samedi saint, elles sonnent à toutes volées !

Le carême fini, nous pouvons enfin remuer à notre guise, manger des bonbons et mettre un terme aux sacrifices !... Vacances ! Le lendemain, jour de Pâques, après la grand-messe, nous passons la journée dans nos familles, jusqu'à dix-sept heures, alors que la porte conventuelle se referme sur nous jusqu'à la fin de juin.

Nous entrons au couvent les bras chargés de bonbons et de gâteries. La règle veut que chacune range ces douceurs dans un sac à son nom, sous clé, dans « l'armoire à friandises ». Nous n'y avons accès qu'à l'heure des repas et du goûter, où nous pouvons alors échanger et partager.

Les quarante heures : ancienne cérémonie religieuse où le Saint Sacrement était exposé durant quarante heures, soit de la fin de la messe du matin jusqu'au surlendemain soir. Chaque église et chaque chapelle du diocèse y participent à tour de rôle, à partir du premier dimanche de l'Avent (quatre semaines qui précèdent la fête de Noël). Au couvent, des religieuses et des élèves se portent volontaires pour faire la garde et l'adoration, jour et nuit. Elles passent deux heures en contemplation à la chapelle, illuminée de mille bougies et parée de fleurs naturelles. Le spectacle est impressionnant. Durant cette célébration, la chorale s'exécute à plusieurs reprises. Avant quelques cérémonies, on nous offre la « tire des chanteuses », un composé de mélasse, de gingembre et de citron, qui éclaircit la voix et réchauffe le cœur. Nous apprécions tous ces privilèges qui nous distinguent du groupe et nous sortent du quotidien. Tout ce qui allège le règlement nous procure beaucoup de plaisir.

La prise d'habit des postulantes

Le postulat est un intermède de six mois d'observation. Les jeunes filles examinent de près la vie à laquelle elles se destinent, et les religieuses font le bilan des aptitudes de la postulante à se joindre à la communauté.

Le costume des postulantes est sensiblement le même que celui des élèves : longue robe noire agrémentée de dentelles blanches au collet militaire et aux poignets. Elles sont coiffées d'un voile noir tenu en place par un bonnet.

Les postulantes ont rarement l'occasion de côtoyer les élèves. Nous les voyons à la chapelle, où elles occupent les bancs en arrière de la première division. Leur emploi du temps est consacré à l'étude et à la préparation de leur rôle futur.

Quelques-unes retournent dans leur foyer pour diverses raisons : santé, caractère, aptitudes. Si elles persévèrent, une fois jugées prêtes à franchir la première étape, elles se disposent au changement de costume, c'est-à-dire à porter l'habit religieux et le voile blanc Cependant, cela présente quelques difficultés d'adaptation, dont le port de la guimpe très empesée qui restreint plusieurs mouvements des bras. Par exemple, manger la soupe demande une certaine habileté et un bon moment d'apprentissage. Et tout à l'avenant.

La prise d'habit est une cérémonie solennelle. Le matin de la célébration, la postulante échange son costume pour la robe blanche qu'elle aurait portée le jour de son mariage. Voile, traîne et bijoux complètent son ensemble.

Toutes les robes de mariée n'ont pas la même importance. Quelques jeunes filles de familles aisées portent de superbes robes à longue traîne. Les sœurs converses portent un ensemble plus discret et le plus souvent sans traîne. Mais, à l'issue de la cérémonie, toutes se retrouvent dans l'anonymat du costume religieux.

Avant la célébration, les parents et les familles rencontrent la postulante au parloir, derrière les doubles grilles. Les papas, voyant leur fille les quitter définitivement, doivent pleurer dans leur cœur. Et que dire des mamans qui perdent « leur grande » ? Cette réunion est très touchante, émouvante pour la jubilaire et pour les siens.

À la chapelle, le coup d'œil est impressionnant. Le chœur est paré comme aux plus beaux jours de fête. Les chandeliers d'or étincellent sur l'autel. Le parfum des fleurs naturelles se mêle à l'encens pour embaumer les lieux.

Une foule élégante se presse à la chapelle extérieure où les parents et les amis sont réunis pour la célébration. Aux accords majestueux de l'orgue, les religieuses entrent en procession et prennent place dans leurs stalles. Au nombre de dix, douze, et quelquefois plus, les postulantes revêtues de leurs plus beaux atours procèdent solennellement jusqu'au devant de la chapelle intérieure du cloître.

Le célébrant s'avance à la grille ouverte pour l'occasion. Chacune s'avance à son tour et se rend à la sainte table. accompagnée de la mère supérieure. Le célébrant, portant sa chape de grandes occasions, prononce quelques prières. Après avoir questionné la postulante sur ses intentions, il lui indique le nom qu'elle portera dorénavant. À tour de rôle chacune quitte la chapelle. Dépouillée de sa toilette d'apparat, elle se présente vêtue du costume religieux, le saint habit. Enveloppée du long voile de cérémonie, elle revient à la balustrade et se prosterne, le temps de quelques oraisons. Symboliquement, elle meurt au monde.

Ainsi prosternée, quelles sont les réflexions de la nouvelle professe ? Est-ce qu'elle envisage la vie de mortification qui l'attend ? Sûrement, elle est consciente du don qu'elle accorde à Dieu ! Des regrets doivent l'assaillir. Quelques-unes ont sacrifié un amour humain, un avenir prometteur pour consacrer leur jeune vie à la religion. Mais aujourd'hui, dans l'enthousiasme, elles ne voient que le bonheur de se donner.

Une fois la prostration terminée, la mère supérieure change le voile de cérémonie pour le voile régulier. Deux jeunes élèves, vêtues de leur longue robe de première communion, une couronne de fleurs sur la tête, apportent sur leurs bras tendus le court voile blanc et retournent avec le premier. La nouvelle novice, très émue, va maintenant pouvoir prendre sa place dans les stalles avec les professes.

Ces cérémonies, très imposantes, gravent dans nos cœurs une vive impression. Plus d'une élève se questionne sur sa vocation future. Elle se remémore cette prise d'habit et se voit dans une somptueuse toilette de mariée, se consacrant à Dieu. Mais ce sont peut-être d'autres promesses qu'elle envisage, en compagnie de l'amour de sa vie... fonder une famille... avoir des enfants... Une chose est certaine, aucune d'entre nous ne reste indifférente à cette fête religieuse au cloître.

Manifestations intérieures

Le 19 mars, une très vieille tradition nous réunit pour la procession en l'honneur de la fête de saint Joseph. Le nom de chaque statue devant laquelle nous faisons une pause explique de lui-même la raison des invocations.

Sur un des paliers de l'escalier Saint-Augustin, nous demandons des faveurs à saint Joseph-au-blé. Depuis le temps de mère Marie de l'Incarnation, au haut de l'escalier, au troisième étage, se trouve un crochet au moyen duquel on hissait les sacs de céréales pour les ranger au grenier. Quand les réserves baissaient, on invoquait le saint patron afin qu'il veille au grain. Ce qui ne manque jamais de réussir. Les demandes d'aujourd'hui sont autres, mais sont tout aussi exaucées.

Le prochain arrêt nous amène à honorer le saint Joseph-de-la-Bonne-Mort. Stratégiquement placé près de l'infirmerie des religieuses, il a assisté plusieurs d'entre elles au moment de leur passage vers la récompense éternelle.

Le saint Joseph-à-l'Argent, comme il se doit, nous réunit près du bureau de mère économe. Rien de subtil ! On a dû le prier bien souvent, quand, au début de la colonie, tout ne tombait pas toujours du ciel. Et que dire des quelques années après la Conquête qui ont dû nécessiter certaines invocations spéciales. Nos mères ont fait des miracles afin de joindre les deux bouts et de continuer leur apostolat, le bon saint Joseph aidant.

Le défilé se termine à la chapelle. Au-dessus du maître-autel, le patron du couvent, saint Joseph portant dans ses bras l'Enfant-Jésus, protège la communauté. Un dernier hommage lui est rendu avant le salut du Saint-Sacrement et le retour à nos divisions respectives.

De nos jours, cette procession se veut une action de grâce, mais, aux temps héroïques, grandes devaient être la ferveur et la confiance. On peut même parler de la « foi qui remue les montagnes », tellement les bienfaits obtenus tenaient du miracle.

Quoique traditionnels, ces hommages rendus à saint Joseph réveillent en la communauté entière des sentiments de reconnaissance et, pour les élèves, ils contribuent à enraciner leurs convictions religieuses. Il faut bien ajouter que nous ne dédaignons pas une rare sortie du côté de la communauté, curieuses de pénétrer dans ces lieux baignés de mystère.

⋆ ⋆ ⋆

Les stations du Vendredi saint nous permettent de visiter, en procession, divers endroits du cloître.

Les plafonds bas, les murs épais et les escaliers usés par le temps dégagent une ambiance d'époque, nous plongeant en plein XVIIe siècle. À cette occasion, notre mère directrice générale, mère Saint-Henri, afin de satisfaire notre curiosité, laisse grande ouverte la porte de sa cellule. Elle nous donne ainsi l'occasion d'apprécier l'ascétisme de ce sanctuaire. Un lit étroit, un prie-dieu, une commode-pupitre et une chaise constituent le mobilier. Seul un crucifix orne les murs blancs.

Les quelques élèves qui se destinent à la vie religieuse doivent ressentir un certain émoi à la vue de ce lieu si sévère où elles escomptent passer leur vie. Pour la plupart d'entre nous, cela nous permet d'envisager une autre facette du quotidien de nos mères. Nous pouvons les évoquer, le soir, travaillant ou priant à la lueur de leur lanterne, essayant de régler les problèmes que nous ne manquons pas de causer.

Les heures de lecture

Dans chaque division, toutes les semaines ainsi que les jours de congé et les dimanches, quelques heures sont réservées à la lecture.

Une bibliothèque, contenant des centaines de livres, occupe une place importante dans chacune des salles de récréation. Chez les grandes, le choix plus vaste comprend, entre autres, une collection des *Contemporains*. Ces publications françaises mensuelles ou hebdomadaires, reliées sous forme de gros volumes, traitent de sujets locaux et courants. J'y ai étudié l'épopée napoléonienne au grand complet. L'histoire de la mère, des sœurs, des frères et des nombreux généraux de l'empereur, leurs amours, leurs intrigues, le compte rendu des cérémonies, des guerres... Au surplus, des articles signés d'auteurs célèbres rendent cette collection très intéressante.

Ces gros volumes, quelque peu encombrants, se consultent sur place. Par ailleurs, nous avons le loisir d'emprunter des livres plus maniables, pour une semaine. Lorsque nous avons fini notre étude, nous pouvons nous adonner à la lecture. Nos parents peuvent aussi nous fournir des livres, mais il faut qu'ils aient l'approbation de la directrice, car les lectures des catholiques sont sous le contrôle de l'Index.

Qu'est-ce que l'Index ? C'est un catalogue des livres dont le Saint-Siège interdit la lecture pour des motifs de doctrine ou de morale, surtout très sévères ! Les fidèles sont passibles d'excommunication, s'ils passent outre à ces exigences.

Les récréations

Au réfectoire, aussitôt que nous avons avalé les dernières bouchées, la religieuse donne le signal du départ à l'aide de son claquoir. Nous nous empressons vers la salle de récréation, grande pièce ensoleillée où nous pouvons nous amuser à notre guise. La bibliothèque occupe une place importante et, quoique ce soit déconseillé, nous pouvons lire si le cœur nous en dit. Néanmoins, trouver la solitude avec un bon livre tient de l'illusion. Il faut une dispense pour quitter les lieux. Souvent, je voudrais me voir au bord de la mer ou dans la nature, peu importe, mais sans compagnes, sans bruit. C'est impossible ! Toujours une bonne amie vient me rejoindre ou un incident me distraire. Alors, il vaut mieux me rallier aux quelques élèves réunies autour du piano. Une compagne, douée pour la musique, nous guide dans des chants du terroir ou des interprétations de nouveautés françaises. Mais il faut surtout résister à la forte tentation de « jazzer » les cantiques. *Il est né le divin enfant* se prête particulièrement bien à cet exercice et peut prendre un rythme endiablant, ce qui met la puce à l'oreille de la directrice et occasionne un interdit : « S'il vous plaît, fermez le piano, mesdemoiselles ! » Aucune réplique n'est admise, le concert est terminé !

Si la température le permet, nous allons à l'extérieur. La vaste cour des grandes donne sur l'aile Notre-Dame-de-Grâce, elle est fermée par l'aile du parloir, d'un côté, et par un mur de pierre d'une dizaine de pieds de hauteur de l'autre. Au fond, les arcades couvertes, auxquelles on accède au moyen de quelques marches, nous abritent en cas de pluie. Ces démarcations obstruent la vue de l'extérieur.

Une balançoire à deux bancs, assez spacieuse, tend les bras à celles qui ne souffrent pas de mal de mer, et consentent à se bercer d'illusions. Tout près, la statue de la Vierge à la médaille miraculeuse nous accorde sa protection. Au printemps, quelques arbustes en fleurs nous gratifient de leur parfum capiteux. Un peu plus loin, un terrain de ballon-panier nous invite à la pratique de ce sport. Aujourd'hui, les élèves du couvent gagnent des championnats. À l'époque de mon récit, ce divertissement demeure toujours très peu populaire parmi nous. Peut-être parce que les religieuses n'ont pas été initiées aux sports, ou n'en voient pas la nécessité. Cependant, le tennis attire beaucoup plus d'adeptes. Plusieurs élèves possèdent leur raquette et, aux demi-saisons, ce jeu est recherché. En hiver, le terrain converti en patinoire devient témoin de bien des pirouettes. Quelques-unes d'entre nous, initiées au patinage de fantaisie, font école. Mais, encore là, attention !... Il ne faut pas lever la jambe trop haut !

Un trottoir, large d'une dizaine de pieds, donne sur la façade sud de l'immeuble. Aussitôt la récréation commencée, un groupe se forme autour de la maîtresse de division ou de son assistante. Une quinzaine d'élèves marchent en face les unes des autres et discutent de sujets approuvés, martelant le trottoir, aller et retour, dans le sens littéral du mot. Ces promenades donnent lieu à des échanges de vues fort appréciées de part et d'autres, mais aussi quelquefois à des controverses qui se poursuivent d'une récréation à l'autre.

Des cercles se forment et les potins vont bon train. Il ne faut surtout pas s'imaginer que, dans un milieu aussi clos, les commérages ne l'emportent pas. Loin de là ! « Une religieuse a fait remarquer à Madeleine que sa robe est trop courte, mais la pauvre a grandi de deux pouces dernièrement, alors quoi ?... », « Un grand-ruban a parlé au dortoir !, quel scandale ! », « M'as-tu vue à la séance de notes, quand j'ai fait une pirouette sur le plancher ciré ? J'aurais dû me laisser tomber, j'aurais moins mal au dos ! », « As-tu vu Sophie avec son nouveau chignon ? Elle a l'air de sa grand-mère ! », etc. Une société en gestation, ni plus ni moins.

La cour des élèves de la seconde division donne sur l'autre versant du pensionnat. En hiver, on y érige une belle glissoirc. Par exception, toutes les divisions y accèdent. En temps normal, les échanges ne sont pas tolérés entre groupes d'âges différents. Je dois obtenir une permission spéciale pour passer quelques minutes avec ma jeune sœur, pensionnaire en quatrième division, et l'emmener glisser à l'occasion. Dans des conditions idéales, avec un traîneau ou une « traîne sauvage », nous nous rendons jusque dans le jardin des religieuses, autre endroit interdit.

En seconde division, la participation aux jeux organisés n'est pas obligatoire, mais fortement suggérée. Les jeux organisés occupent une bonne partie des récréations des demi-saisons. Par temps maussade, la patinoire intérieure aménagée au sous-sol de l'aile du pensionnat, nous permet de dépenser une bonne dose d'énergie... mais, quel tintamarre que ces patins à roulettes !... Le plafond bas décuple les décibels, et c'est à petites doses qu'il faut en profiter, sinon, gare aux maux de tête !

Les élèves de quatrième se tiennent au « berceau » qui abrite des balançoires de toutes sortes. Elles font des rondes, jouent à la marelle, chantent, dansent. Toujours animées, elles semblent bien apprécier les divertissements.

Quoi qu'on en dise, quoi qu'on en pense, ces récréations sont formatrices : la camaraderie, l'honneur dans les jeux, les échanges d'idées, tout nous prépare à nos futures missions.

La seconde division

Le seul regard de la directrice de la seconde division, mère Saint-Victor, me fait réaliser l'ampleur de mon impair. Au début de l'année, je me présente avec les cheveux coupés à la garçonne, je ne jouis pas de ses bonnes grâces. Mais alors là, aucunement ! Une bonne amie a aussi eu cette malencontreuse idée. La foudre nous tombe dessus et nous devons nous contenter des derniers rangs de la division, jusqu'à la repousse de la toison. Je ne me souviens plus quelle longueur on doit considérer comme acceptable ! Quoi qu'il en soit, j'ai pris l'habitude de fermer la marche dans les rangs !

Notre mère Saint-Victor jouit d'un talent naturel. Au théâtre, elle aurait excellé dans les rôles d'actrice aux élans poétiques. N'empêche que ses qualités d'organisatrice lui assurent une division bien à l'ordre et surtout bien disciplinée. La moyenne d'âge des élèves se situe entre douze et quatorze ans. Rien de comparable aux enfants du même âge, à l'heure actuelle, tellement plus délurés par tous les avantages mis à leur disposition : livres, vidéos, ordinateurs, Internet et j'en passe. Quant à nous, la nature nous a dotées d'intelligence en effervescence et d'une grande impétuosité.

Mère Saint-Victor contrôle ses ouailles. Or, nous apprenons vite à la comprendre et à exploiter ses points faibles. Enthousiaste, mystique, portée vers les étoiles, elle situe ses préférences au niveau des grands de ce monde. L'histoire de Louis XIV et de Napoléon ne recèle aucun secret pour elle. Tout sujet qui sort de l'ordinaire trouve sa faveur. À la récréation, si nous voulons changer le cours des entretiens, et surtout lui faire plaisir, nous la questionnons sur l'épopée napoléonienne. Alors, jusqu'à la fin, nous discutons de choses agréables, historiques et françaises. Trois qualificatifs qui nous assurent l'harmonie.

Le soir, à l'heure de l'étude, toujours avec grandiloquence, elle nous exhorte à des pensées sérieuses. Elle nous parle de spiritualité, voulant élever nos âmes vers des sphères mystiques. Un soir, alors que nous sommes toutes recueillies, elle nous dit avec emphase : « Mes enfants, parlons à notre Sainte Mère du ciel, la Vierge Marie ! » Or, du fond de la salle, en plein grand silence, on entend un spontané « Allô ! »... Immense panique de toute la division !... Mère Saint-Victor passe de pourpre à livide, tombant du haut de son piédestal en chute libre... les mots lui manquent... D'un geste large, elle indique la porte et le chemin du bureau de la maîtresse générale, à l'élève par trop impulsive. Cette dernière évite de justesse l'expulsion du couvent. Après une telle déconfiture, son prochain bulletin affiche « médiocre » de conduite et « médiocre » de politesse. Quel scandale !...

Avec mère Saint-Victor, les jours de congé ne comportent aucun temps mort. Chaque minute contribue à nous apporter un jeu intéressant et beaucoup de sport. Je la crois l'inventrice de la « balle-au-camp », genre de baseball, joué avec une raquette et une balle de tennis, où, en quelques semaines au prix de quelques vitres cassées, nous pouvons passer du grade de caporal à celui d'empereur. Heureusement que l'hiver y met un terme, car il y aurait pléthore de haut-gradés. Les jours de pluie, elle nous propose des concours intellectuels qui demandent beaucoup de recherche et occupent les loisirs. Nous méritons des récompenses pour les meilleurs travaux. Une image et même une étoile apposée au haut du chef-d'œuvre nous comblent de joie. Rétribution minime, l'accent est mis sur l'honneur.

Donnant sur le trottoir de la cour de la seconde division, les fenêtres du sous-sol, munies de sauts-de-loup, apportent un éclairage adéquat à la salle de patinage, mais, souvent, des souris y tombent et se font prendre au piège, ne pouvant remonter à la surface, vu le fini lisse du matériau. Un soir, à la fin de la récréation, est-ce moi ou une amie, probablement aussi espiègle, qui jongle avec l'idée de capturer quelques petites bêtes toutes mignonnes ? Sitôt pensé, sitôt exécuté ! Nous en mettons quatre dans nos poches d'uniforme et puis...

À la rentrée, avant l'étude, agenouillées autour de la salle de récréation, bien sages, nous récitons la prière du soir. Subrepticement, nous libérons les prisonnières… Il se produit alors un remous. Les élèves n'osent crier, vu le grand silence. Bientôt, la panique gagne du terrain. Quelques-unes montent sur les bancs, en silence toujours. Deux souris se dirigeant vers la table de mère Saint-Victor ne savent où donner de la tête, et la digne mère, en les apercevant, ne sait où donner de la sienne. Tout se passe sans un mot. La directrice, debout sur sa chaise, quelques élèves sur les bancs. Toutes suivent des yeux les mouvements erratiques des bestioles qui trottinent vers la gauche : les têtes se tournent à gauche. Puis les regards suivent les souris vers la droite et, enfin, en quête d'une issue, après quelques très longues minutes, les souris disparaissent… on ne sait où, et personne ne s'en inquiète ! Lentement le calme revient. On descend des perchoirs et les protagonistes reprennent leur position de départ. La prière continue comme à l'accoutumée. Le plus drôle de cette histoire réside dans le fait qu'on n'en ait jamais entendu parler. Pas d'enquête, nulle interrogation ! Motus ! Je crois que la distinguée mère, et aussi quelques-unes de ses chères « grands-rubans », soumises à rude épreuve, supporteraient mal que s'ébruite le malencontreux épisode. Situation cocasse créée par des souris, à peine plus grosses qu'un pouce, faisant perdre le contrôle et la prestance de personnes aussi distinguées !

Fort heureusement, nous avons pour seconde maîtresse de division une grande dame, chaleureuse, douce, joyeuse qui, avec son humour tranquille, nous comprend bien. Mère Saint-Claude, par son caractère contrastant avec celui de la directrice, crée autour d'elle un climat de sérénité qui apporte un certain équilibre à notre quotidien.

Pensionnaires chez les Ursulines vers 1932.

Le grand parloir

Le grand parloir est une vaste pièce, divisée en deux sections séparées par des grilles de métal peintes en vert foncé. Les visiteurs entrent dans un vestibule, demandent l'élève, objet de leur visite, et pénètrent alors à l'intérieur du parloir. À l'extérieur des grilles, ils attendent l'arrivée de la pensionnaire.

La maîtresse générale, la chaleureuse mère Saint-Henri, accompagnée de trois ou quatre élèves arborant le « grand ruban », il va sans dire, s'occupe de renseigner les visiteurs. Si des remarques au sujet de la conduite ou des études d'une élève sont requises, elle saisit l'occasion de parler aux parents.

On prévient les élèves à l'aide d'un porte-voix, appareil assez ingénieux, fixé au mur, et dans lequel on souffle pour attirer l'attention : il se produit alors un sifflement à l'un des tubes reliant chacune des divisions au parloir. Une préposée y place l'oreille et prend note de la communication. L'étudiante demandée se présente au parloir. Après une profonde révérence, elle rejoint ses hôtes. Elle peut embrasser ses parents à travers les grilles, mais quel tour de force peu satisfaisant ! Aux visites réservées pour les proches, quelquefois, on voit des « cousins » se faufiler, mais uniquement accompagnés d'un membre immédiat de la famille. Les parents, les grilles, les religieuses... Quel éteignoir ! Rien pour provoquer l'impétuosité... Et le décorum alors !...

Parfois, la maîtresse générale communique des messages d'ordre purement pratique. Je me souviens d'un certain jour de parloir où elle demande à parler à ma mère. Après un laps de temps assez long, maman revient vers moi, l'air un peu étrange. J'ai douze ou treize ans, et la religieuse suggère qu'à la prochaine sortie on me procure un corset. Je tombe des nues... « Un corset, pourquoi faire ? » Comme développement physique, je n'avance que des « triple A ! » Mais, paraît-il, je dois me plier aux coutumes. En conséquence de quoi, en rentrant du prochain congé, je me sens très incommodée dans ce grand « machin à baleines », genre de combinaison avec lacet tout le long du dos qui me couvre une bonne partie du corps pour se terminer par six jarretelles. Je le porte sur la camisole et sous le jupon. Il faut me débattre pour tout ajuster sous la robe de nuit, en m'habillant le matin. Quelle horreur ! Loin de pouvoir dissimuler quoi que ce soit, je me questionne sur le bien-fondé de l'exercice qui, en plus de m'incommoder, n'améliore rien.

Le lavage de nos articles personnels, de notre literie et de nos serviettes se fait à l'extérieur, dans nos familles. D'où la consigne de faire des colis respectables, enveloppés de papier brun et bien ficelés. Au parloir, nous faisons l'échange à l'aide d'un « tour », semblable à celui de l'entrée principale, où nous recevons les gâteries que nos parents ne manquent pas de nous procurer.

Toujours heureuse de voir maman, et vite déçue du peu de communication qui existe entre nous, je trouve les parloirs monotones et les échanges plus ou moins satisfaisants. Peut-être à cause du manque d'intimité, peut-être aussi à cause de la dissemblance de nos milieux, maman ne sait pas ce qui se passe au couvent... Au pensionnat, nous perdons vite contact avec l'extérieur. Il en résulte une communication difficile. En conséquence, le parloir nous laisse un vague à l'âme. Mais j'insiste quand même pour qu'elle ne manque pas une seule visite. Je veux la voir, ma mère, ne serait-ce que quelques minutes, pour m'assurer que je ne suis pas oubliée. Pour ma part, retrouver les religieuses, mes compagnes et ma routine semble me donner un certain réconfort. Le couvent étant devenu mon univers, j'y puise mes joies, mes peines, et ce qui se passe à l'extérieur ne m'émeut plus outre mesure.

Couture et broderie

La broderie et les arts de l'aiguille constituent une tradition qui remonte à l'Antiquité. Les dames bien nanties du Moyen Âge occupaient leurs loisirs à de tels ouvrages.

Marie de l'Incarnation et madame de la Peltrie excellent dans ces arts. Encore aujourd'hui, on peut admirer, au musée, ou à l'occasion de grandes fêtes, des parements d'autel entièrement dessinés à l'aiguille, dans de riches coloris défiant l'usure du temps, ouvrages témoignant d'une dextérité et d'une vivacité impressionnantes

À leur arrivée au Canada, les Ursulines enseignent la religion et la langue aux jeunes Indiennes. L'introduction des arts de l'aiguille est aussi très appréciée. Un curieux résultat de cet enseignement fut l'initiation à la décoration chez les sauvagesses. Elles brodent avec habileté de riches vêtements et d'autres objets utiles. De retour dans leurs tribus, elles communiquent le fruit de leurs expériences, bientôt imitées par leurs collectivités.

Parmi les élèves des Ursulines, la plus douée fut sans contredit Jeanne Le Ber. Fille d'un marchand des plus à l'aise de Montréal, elle devint par la suite la « recluse de la Nouvelle-France ». En effet, elle a passé dix-neuf ans dans une enclave de la chapelle de la Congrégation de Notre-Dame, où elle partageait son temps entre la prière et la broderie. Avec de la laine et des fils d'argent et d'or, elle confectionnait des vêtements sacerdotaux et du linge d'autel conçus selon ses propres dessins.

Pour devenir des femmes accomplies, but initial de notre éducation aux Ursulines, nous devions donc apprendre à coudre et à broder. Tous les après-midi de semaine, les jeudi et samedi exceptés, après le goûter, une séance de couture nous réunit. Chez les grandes, mère Saint-Luc ne badine pas avec l'ouvrage manuel : « Tout ce qui mérite d'être fait mérite d'être bien fait », nous répète souvent la bonne mère.

Comme travail obligatoire, nous brodons, au petit point, un canevas de toile écrue, en fil rouge ou bleu, étampé des lettres de l'alphabet et de chiffres. Il faut soumettre son travail à l'inspection de la religieuse et, le plus souvent, recommencer, si ça ne passe pas. Qu'est-ce que j'ai pu « bûcher » sur cet ouvrage fastidieux ! Souvent, montrant mon essai, il suffit d'un petit sourire accompagné d'un regard inquisiteur de mère Saint-Luc. Sans proférer un mot, je retourne à ma place pour défaire et me remettre à l'œuvre. Il faut savoir contrôler une saute d'humeur, ce qui, en soi, se révèle formateur.

Inutile de penser à un autre ouvrage avant d'avoir terminé le canevas. Une fois ce devoir accompli, nous choisissons quelque autre travail, un tablier de fantaisie, une serviette brodée à nos initiales, une bavette pour une petite sœur ou un petit frère, ou un ouvrage pour les pauvres. Tout est permis pourvu que nous cousions et brodions à la main. Pour ma part, je confectionne, pour les autels des missionnaires, des ornements en soie moirée blanche décorés de dentelle et de franges dorées. J'enveloppe précieusement le tout dans du papier blanc. Il faut prendre bien soin de mon ouvrage. Du côté travail, souvent quelque chose cloche : les points sont trop longs, trop espacés, le fil trop tendu, et quoi encore. Mère Saint-Luc, exigeante, et surtout très patiente, n'accepte que le travail parfait. Boileau ne dit-il pas : « Vingt fois sur le métier, remettez votre ouvrage... » Il faut croire que j'ai bien profité de ces leçons, car j'ai toujours aimé la couture et, encore aujourd'hui, je m'y intéresse.

Durant ces séances, la directrice nous entretient de la tenue de nos futures maisons : il faut apprendre comment organiser une lingerie en y agençant les draps, les taies d'oreillers, tous les plis dans le même sens et le tout entouré de rubans ; comment toujours garder des tiroirs bien en ordre et surtout bien présentés ; comment traiter nos employés. Tout en étant strictes, nous devons être justes. « Vous constituez l'élite de la société et vous aurez la responsabilité de donner le bon exemple en tout temps et en tout lieu. » Les religieuses ne manquent jamais une occasion de nous faire prendre conscience de nos devoirs futurs.

Certains après-midi, nous avons une lectrice pendant la couture. Nous choisissons le livre, souvent un roman où l'on décrit des scènes amoureuses (rien de ce qu'on peut lire aujourd'hui) qui ont le don d'embarrasser notre compagne, de la faire rougir parfois, au grand amusement de nous toutes. Chacune peut lire à son tour, ce qui constitue un bon exercice de diction, mais encore faut-il satisfaire les compagnes qui n'acceptent que l'excellence !

Nouvelles de maman

Les maîtresses de division doivent contrôler le courrier. Elles ouvrent les lettres adressées aux élèves et les lettres destinées à l'extérieur ne se cachettent pas, pour permettre aux religieuses d'y jeter un coup d'œil.

Durant mon premier séjour au couvent, ma mère, absente de Québec, m'écrit souvent. C'est fort heureux, car je n'arrive pas à comprendre son comportement. Je lui en veux d'avoir fragmenté la famille et de nous avoir abandonnées à notre deuil, à notre solitude. Quand un malheur frappe, le rapprochement des siens, la chaleur humaine doivent contribuer à adoucir le fardeau, sinon, il se creuse au cœur un vide qui ne se comble pas le reste de la vie et crée un sentiment de solitude inaltérable… Âgée d'à peine onze ans, pour moi, ce poids est lourd à supporter. N'est-ce pas Flaubert qui a noté : « Comme le monde est vide, à qui marche seul ! »

Les grandes vacances

Aussitôt ma mère revenue des États-Unis et l'année scolaire terminée, nous partons pour Rivière-Ouelle, dans le bas du fleuve. Quel branle-bas ! En route pour la gare de chemin de fer, sur la rive sud ! Nous prenons un taxi jusqu'à la traverse Québec-Lévis, nous montons sur le bateau et, enfin, ma mère, mes sœurs, la bonne, le chien et moi, les valises et les provisions pour les deux mois d'été, nous nous embarquons pour un voyage de deux heures en train. Rendus, ou presque, la gare étant à huit milles du quai, où nous attend notre chalet, nous sommes en quête de transport. Évidemment aucun taxi ! Maman loue alors deux *buggy* et nous commençons le périple. Le bébé pleure, le chien aboie, la bonne anglaise se lamente à tous les saints britanniques, Mais, peu à peu, au rythme des chevaux, tout se calme et nous pouvons apprécier la campagne parée de ses atours printaniers. Toutes les fleurs de juin nous embaument et nous charment au passage. Après un bout de chemin, nous sommes assaillis par cette remarquable odeur de varech et de foin de mer, signe que nous toucherons bientôt notre but. Un chalet typique des années trente nous accueille. Fait de bois naturel, vieilli par les intempéries, entouré d'une véranda couverte, il prend, au milieu des rosiers sauvages, un air de cottage anglais. Tout près de la mer, les vagues des hautes marées viennent parfois caresser les marches de la galerie.

Dans l'eau salée, très froide, je nage longtemps. J'aspire à pleine poitrine cette odeur de foin de mer qui me pénètre de tant d'énergie. Je cours sur les galets et j'y fais ma demeure. Dans les anfractuosités des rochers, près d'une mare d'eau laissée par le jusant, un livre à la main, je me perds dans la lecture, pendant de longues heures. Jules Verne, mon auteur préféré, m'initie à de merveilleux voyages en ballon, en sous-marin et à mille lieues sous terre. Les livres de Stevenson, *Treasure Island* et *Dr. Jekyll and Mr. Hyde*, me tiennent aussi compagnie... Seule enfant de mon âge dans cette campagne retirée, j'apprécie le rôle que joue la nature dans mes divertissements. Non loin de chez nous, dans l'anse, demeure « ma tante Georgine » (aucune parenté avec moi). La meilleure description que je puisse en faire serait : « Coureur de bois ». Bâtie comme tel, chaussée de grosses bottines sur des bas de laine ravalés, elle porte une blouse et une jupe de couleur indéterminée sous un chandail de laine grossière, comme en portent les marins, le tout surmonté d'un chapeau qui résiste à toute description. Elle s'adonne à la chasse, à la pêche, et incarne l'antithèse de la « femme au foyer ».

Tante Georgine m'initie à la pêche mais, auparavant, il faut chercher les sangsues pour appâter le poisson. À marée basse, sur la grève découverte, on les trouve sous les roches. Très belles, elles brillent de mille couleurs au soleil. Il faut faire vite pour les capter, car, si elles sentent l'air frais, elles se faufilent dans le sable. Une fois prises, on les garde dans un contenant à demi rempli de glaise. On peut ainsi les conserver quelques jours.

J'adore la pêche, et quelle patience j'y apporte ! Quelle récompense quand, au bout de ma ligne, je sens le frétillement d'une plie, genre de petite sole. Il me semble que je monte un énorme saumon, tellement la résistance est considérable... Et je puis toujours épater la maisonnée quand je reviens avec quelques poissons.

Quand le temps n'est pas propice à la pêche, à cause d'un soleil radieux ou d'un grand vent, je reprends mes livres. Souvent, un beau jeune homme vient me rejoindre à ma retraite dans les « crans ». Grand, blond, yeux bleus, de deux fois mon âge et portant la soutane, Jean habite le chalet voisin du nôtre. En compagnie de nombre de ses compagnons, pendant un mois, il vient « changer » d'air. Il me questionne sur mes lectures, sur ma vie de couvent, sur les choses et les gens que j'aime, mes petits bonheurs, mes grands malheurs... Trop jeune pour m'avouer amoureuse, surtout devant l'interdit de la soutane, j'ai toujours hâte qu'il vienne s'asseoir près de moi. À l'occasion, hypnotisés par la mer, fascinés par ses changements subits, perdus dans nos pensées, la main dans la main, nous laissons libre cours à nos rêveries. Seul le bruissement des vagues rompt le silence.

Ô temps suspend ton vol !

Lorsque je reviens au pensionnat, à l'automne, tous les héros de mes lectures et les don Juan, qui en rêverie me font la cour, ressemblent, à s'y méprendre, à mon compagnon d'été.

« Mon Jean » poursuit ses études en théologie à Montréal et nous correspondons durant les mois d'hiver. Au couvent, les lettres passent la censure, vu le « S.J. » suivant la signature. Il me parle de ses cours, de ses lectures. À l'occasion, il m'envoie un livre, m'exhorte à lire tel ou tel ouvrage. Ses allusions à nos causeries d'été me remplissent d'émoi. Il sait jusqu'à quel point la mort tragique de mon père a créé un vide et peut-être essaie-t-il de compenser ? Après deux étés, nous avons correspondu encore un moment et puis, plus rien… Nos situations ne coïncidant pas, nous nous sommes perdus de vue. Plus tard, dans des revues, des articles signés de son nom me surprennent : je ne retrouve pas mon Jean… Il a mûri et, moi, j'ai changé. Plus âgée, je me suis souvent questionnée sur la nature de ce lien entre un aspirant au sacerdoce (à ce moment, la soutane tient lieu d'uniforme obligatoire) et une fillette de onze, puis de douze ans. De mon côté, l'admiration et l'amitié qu'il m'inspire s'inscrivent en lettres majuscules sur un livre à tranches dorées. Et lui ?… Avait-il compris ma grande tristesse, mon isolement, mon admiration ?

Nouvelle correspondance

L'arrivée d'un beau cousin, un vrai celui-là, aux yeux gris-vert et aux cheveux châtains, filleul de ma mère, et de trois ans mon aîné, m'apporte une nouvelle correspondance. Venant de l'Abitibi, pensionnaire au Collège de Lévis, institution beaucoup moins rigide que mon couvent, il passe ses nombreux jours de congé chez moi et, à l'occasion, accompagne maman au parloir. De retour à ses études, il m'écrit souvent. Les religieuses, avec leur largeur d'esprit coutumière, ne voient pas d'objections à ces échanges entre pensionnaires. Censurées, nos lettres comportent des réflexions sur nos études, nos lectures et, bien sûr, sur la hâte que nous avons de nous retrouver en vacances. Il me fait la belle surprise de m'envoyer, par courrier, *Les Lettres de mon moulin* d'Alphonse Daudet, qui, bien que parfois irrévérencieuses, me font rire aux larmes. Au congé suivant, nous en faisons la relecture ensemble, pour notre grand amusement. Il faut bien avouer qu'à treize et quatorze ans, à l'instar de mes compagnes, la naïveté m'habite. La radio, à peine vieille de quelques années, ne s'adresse pas aux adolescents. D'ailleurs, aucun appareil n'est permis au pensionnat. La télévision ne fait son apparition qu'après la guerre. Nous vivons en vase clos, dans un monde exclusivement féminin et à l'abri de toute influence extérieure, ce qui rend la tâche beaucoup plus facile à nos éducatrices. Leur contrôle sur nous ne souffre d'aucune ingérence de la part du « monde ». Toute liberté leur est donnée de nous polir. D'où le grand nombre de leurs « réussites ».

Le cahier d'extraits

Quelle belle coutume que le cahier d'extraits, ouvrage personnel et quasiment secret où nous pouvons laisser l'imagination vagabonder parmi les écrits d'auteurs de renom ! Leurs poèmes, leurs pensées choisies, leurs maximes sont copiés religieusement, dans ces recueils, qui deviennent pour nous des confidents. Ils résument les aspirations, les angoisses, les chagrins communs à notre âge.

Souvent ébauchés en seconde division, quand nous avons treize ou quatorze ans, nos cahiers revêtent à nos yeux une note exclusive. Ils expriment les prises de conscience, la sentimentalité et le manque d'exutoire à nos émotions, en cette période difficile.

En première division, les recueils prennent un ton plus sophistiqué. Le choix des auteurs devenu sélectif, on n'opte que pour les meilleurs, ce qui veut aussi dire les poètes et les écrivains à la mode. La coutume veut que nous demandions à nos compagnes préférées d'inscrire une œuvre de leur choix, ce qui crée de la diversité et devient un précieux souvenir à mesure que les années s'accumulent.

À l'âge de douze ans, je commence mon premier cahicr. Les extraits sont en anglais, et ce, jusqu'à ce que je participe plus dans mes classes de français. Je change alors de langue et de cahier. Ma première inscription en français : *Petite violette*, poème en quatorze quatrains :

« Petite violette un jour venait de naître [...]
Tire ses petits pieds du sol, fait sa toilette
Et se met en chemin... [...]

«Petite violette épuisée et qui souffre
Tout ce qu'une fleur peut souffrir
Se tait, raidit sa tige... et dans un gouffre
Elle achève enfin de mourir... »

Ce poème triste d'Émile Deschamps, le premier qui m'impressionne au point de le copier, sera suivi d'une œuvre aussi mélancolique : *La Chute des feuilles* de Millevoye.

« Et dans chaque feuille qui tombe
Je vois un présage de mort. [...]»

Suivent quelques poèmes de Marie Jenna et, en anglais, de Longfellow, Walker, Riley et quelques pensées dont une citation de Gœthe : « L'idéal de l'existence est un rêve de jeunesse réalisé dans l'âge mûr ».

En 1930, j'ai quatorze ans et je tombe dans le romantisme achevé : Sully Prud'homme, Musset, bien sûr, Rosemonde Girard, Rostand, Lamartine, Shakespeare, Byron, Keats... l'*Oceano nox* de Victor Hugo a toujours eu un écho spécial dans mon cœur, car il rappelle la mort de mon père :

« Oh ! combien de marins, combien de capitaines
Qui sont partis joyeux pour des courses lointaines
Dans ce morne horizon se sont évanouis !
Combien ont disparu, dure et triste fortune !
Dans une mer sans fond, par une nuit sans lune,
Sous l'aveugle océan a jamais enfouis. »

Des *Nuits* de Musset… celle de *décembre* m'impressionne gravement.

« Du temps que j'étais écolier
Je restais un soir à veiller
Dans notre salle solitaire

« Devant ma table vint s'asseoir
Un pauvre enfant vêtu de noir
Qui me ressemblait comme un frère […]

«Le ciel m'a confié ton cœur
Quand tu seras dans la douleur
Viens à moi sans inquiétude

Je te suivrai sur le chemin
Mais je ne puis toucher ta main
Ami, je suis la Solitude ! »

Enfin !…

* * *

J'ai gardé précieusement le cahier d'extraits de ma mère. Pensionnaire, comme toutes les jeunes filles bien nanties de son temps, maman inscrivait dans son cahier des extraits de poèmes mais surtout des proverbes, des dictons. On y retrouve Longfellow, Ruskin, Milton et de nombreuses citations traitant de la vie, de la morale, de la religion et des vertus à cultiver. Mais, chez elle, peu de romantisme.

« Civility costs nothing and buys everything. »

Mary Montague

« To be a good woman is better than to be a fine lady. Beauty itself is but the sensible image of the infinite »

Bancroft

J'ai repris l'écriture dans le cahier à demi achevé de ma mère. À la lecture de ces ouvrages, on se rend compte de la diversité des caractères. Étant de descendance britannique, maman était enjouée, sensible, mais froide. Rarement, elle confiait ses pensées intimes et elle n'exprimait pas ses sentiments envers nous, ses filles. Nous savions d'instinct qu'elle nous aimait bien, mais elle nous embrassait rarement et ne nous caressait jamais. Ses écrits très rationnels ne me réservent aucune surprise.

Pensionnaire au Collège de Lévis, mon père a seize ans quand il confie, lui aussi, quelques notes à son carnet noir, retrouvé parmi mes trésors. En classe de versification, au Collège de Lévis, en 1900-1901, les extraits sont bilingues : français-latin. Les jeunes garçons d'alors apprenaient à converser couramment en latin. Plusieurs d'entre eux se destinant à la prêtrise, le langage universel de l'Église devait leur être familier. Au début du carnet, une longue histoire au sujet d'une hirondelle nous surprend par sa naïveté déconcertante. Je suppose que les garçons de seize ans souffraient aussi de surprotection il y a cent ans. Par contre, quelques maximes, en français, nous laissent deviner l'homme de devoir, l'ingénieur dévoué à la cause publique que deviendra mon père :

« Cherchez le devoir avant le plaisir et vous trouverez le plaisir dans le devoir… »
« L'Homme s'aime trop et les hommes ne s'aiment pas assez. »

La dernière entrée est de mai 1905. Cette fois, une charmante rencontre avec de beaux yeux noirs nous révèle l'éveil d'une nature tendre, si chaleureuse, ce père attentif qui, malgré ses nombreuses occupations professionnelles, trouvait toujours le temps de nous consacrer de belles heures remplies de tendresse et d'affection. Il se laisse découvrir dans ce passage.

Il est malheureux qu'il nous ait quittées si jeune. Sa carrière était bien engagée et prometteuse. Bras droit de M. Alphonse Desjardins, il a pris la relève à la direction des caisses populaires après la mort de ce dernier. Il a aussi fondé les caisses régionales et de combien d'autres missions il s'est acquitté ! Le devoir le guidait dans tous ses comportements. Corneille ne disait-il pas ?....

«…Aux âmes bien nées
La valeur n'attend pas le nombre des années. »

En effet, mon père était voué à une carrière prometteuse, et, dès son jeune âge, il avait fait ses preuves.

L'Avent

L'Avent est une période de quatre semaines avant la fête de Noël. C'est une occasion de pénitence, de mortification, de sacrifices et de tout ce que nos mères peuvent nous conseiller pour préparer nos cœurs à la venue de l'Enfant-Jésus. La spiritualité prend plus d'importance et l'atmosphère, elle, commande l'abnégation et la piété.

En troisième et en quatrième divisions, on nous raconte l'histoire du Petit Jésus né dans une étable, entouré de bergers et de moutons. Les mages guidés par une étoile contribuent aussi à l'enchantement. Nous sommes toutes très impressionnées par les péripéties qui, pour nous, constituent un beau conte. Dans notre imagination, nous associons le récit à la réalité, et vice versa. La fête de Noël ne vient pas assez tôt !

Chez les plus grandes, cette période convie au ressourcement. À mesure que la fête approche, les vacances aussi, l'agitation monte. Nos sentiments sont partagés entre le mondain et le mystique, alternance entre le recueillement de l'Avent et l'excitation des vacances envisagées.

La fête de Noël au pensionnat

La fête de Noël approche. Nous arrivons au plus haut point d'exaltation. L'effervescence est à son apogée. Les derniers jours paraissent longs et difficiles. Comment contenir tant d'énergie, et tant d'anticipation.

Enfin, c'est le 24 décembre ! Journée fébrile, on sent la nervosité chez toutes les élèves. Tout reluit dans le couvent, nous avons passé l'après-midi au dortoir à mettre de l'ordre, à tout astiquer. Après le souper et la récréation, il n'y a pas d'étude. Notre maîtresse de division nous entretient de la belle fête que nous allons célébrer et insiste sur l'aspect religieux de l'événement. De notre côté, les dérivatifs ne manquent pas. Nous avons de la difficulté à dissocier la célébration religieuse de la fête mondaine.

⋆ ⋆ ⋆

Couchées plus à bonne heure, en vue des activités de la nuit, plus d'une élève tourne et retourne dans son lit. Enfin, le calme prend le dessus… Vers onze heures, des airs très doux se font entendre dans le lointain, et s'amplifient. Afin d'éveiller les pensionnaires, quelques Enfants de Marie circulent d'un dortoir à l'autre. Accompagnées de guitares et de violons, elles chantent : « Ça bergers assemblons-nous ! » Les lumières ne s'allument que lorsque les chanteuses se dirigent vers un autre dortoir. L'illusion passe et va s'atténuant. Enfin, les petites se frottent les yeux ; témoins de ce rêve pour la première fois, elles se questionnent : « Est-ce que les anges ne sont pas venus ce soir ? » Chaque année, le charme produit toujours sa magie et se perpétue de génération en génération.

Aussitôt habillées, en pantoufles afin d'éviter les bruits inutiles, chacune va s'asseoir par terre autour de la crèche de l'oratoire des Enfants de Marie, attendant que toutes soient prêtes. Nous descendons alors à la chapelle. Rehaussé de ses plus précieuses parures brodées d'or, le maître-autel resplendit. Illuminé pour la circonstance, le temple brille comme un beau soir étoilé.

Une fois assemblées, nous entendons un chant timide, augmentant à mesure que s'approchent les petites de la quatrième division, toutes vêtues de blanc, une couronne de fleurs sur la tête. À cette heure tardive, de leurs petites voix mal assurées, et sûrement étouffées par l'émotion, elles chantent sans accompagnement. Une vingtaine de frimousses de cinq, six et sept ans accompagnent le Jésus de cire vers la crèche, et le déposent au pied de l'autel de Notre-Dame-du-Grand-Pouvoir. La plus sage de la division et sa compagne représentant saint Jean-Baptiste marchent solennellement derrière avec leur précïeux fardeau allongé dans une corbeille. Les petites chantent en chœur :

« Cher petit frère
Jésus au berceau
Près de sa mère
Cher petit frère
Que vous êtes beau.

« Petit Jésus, prenez mon cœur
Pour toujours il est vôtre
Vous seul ferez tout mon bonheur
Je n'en veux pas d'autre.

« Petit Jésus pour terminer
Je serai toujours sage
Pour que rien ne puisse effacer
De mon cœur votre image.

« Cher petit frère
Jésus au berceau
Près de sa mère
Cher petit frère
Que vous êtes beau. »

La tradition du Jésus de cire remonte au début de la colonie. Nos mères le fabriquent pour leur usage, mais aussi pour les paroisses qui en réclament. Il mesure une vingtaine de pouces. Les bras ouverts pour nous accueillir, vêtu d'une robe de soie blanche brodée et ornée de dentelles, il rayonne de beauté. Ses cheveux bouclés proviennent des postulantes. Au moment de leur profession, on leur impose une coupe radicale... À l'époque où la plupart des femmes mettaient beaucoup d'orgueil dans leur coiffure, ce sacrifice de la part des jeunes professes devait être important. Conservés pour cet usage, les cheveux entourent le beau visage du petit Jésus de cire.

La chorale des grandes entonne vivement le *Ça, bergers* et les vieux cantiques de Noël. *Dans cette étable, Sainte Nuit, Dans le silence de la nuit, Les anges dans nos campagnes, Il est né le divin enfant.* Enchanteurs, ces vieux noëls !... Ils nous manquent joliment, aujourd'hui !

À la fin de la deuxième messe, nous nous rendons au réfectoire. Un peu fatiguées, mais heureuses en cette nuit de paix. Nous ne nous objectons pas au grand silence, à la sérénité et au calme qui règne partout. Au réveillon, on nous sert un bouillon chaud avec un grand biscuit à thé Hethrington (confiserie renommée à Québec en ce temps-là). C'est frugal, comme il se doit ! Quelques minutes encore et nous retournons à nos lits, déjà nostalgiques à l'idée que la fête soit passée, mais anticipant la belle journée qui s'annonce.

Au matin, vers huit heures, la clochette annonce le jour de Noël ! Après la grand-messe, plusieurs d'entre nous vont passer la journée chez leurs parents. Celles qui demeurent trop loin et séjournent au couvent n'observent aucun règlement en cette fête. On leur offre le dîner traditionnel de Noël, et quelques gâteries. Les autres rentrent à cinq heures. Les vacances proprement dites ne commencent que le 27, après l'Ordo, pour se terminer le lendemain de l'Épiphanie, fête des Rois, le 6 janvier.

Noël, au Canada français, est une fête religieuse et le jour de l'An voit les familles se réunir. Du côté anglais au contraire, Noël englobe les deux célébrations. Ma mère, descendante de lignée anglicane, donne la même importance aux deux événements, d'autant plus que mon anniversaire tombe le jour de l'An. Mes sœurs et moi, nous nous partageons plusieurs cadeaux à chacune des fêtes.

Le couronnement du mois de mai

La pluie nous déçoit parfois au lever de ce dernier jour du mois de mai. Tous les ans, au cours d'un défilé dans le jardin des religieuses, nous remercions solennellement la Sainte Vierge de ses bontés envers nous. Toutefois, durant l'avant-midi, on sent le malaise chez les élèves. Elles appréhendent le renvoi de la cérémonie du couronnement du mois de Marie. Plusieurs de mes compagnes offrent intérieurement des sacrifices afin que le temps se mette au beau.

Vers onze heures, un vent léger fait frissonner les feuilles et lentement disperse les nuages. Rien de certain encore, mais l'espoir renaît. Enfin, les treize heures voient le ciel reprendre sa sérénité, et nous, la nôtre.

Hommage à la Sainte Vierge, cette tradition que nous ne voulons pas rater fait appel à tous nos sens : la vue de ce défilé à travers le jardin paré de ses atours de printemps ; l'ouïe régalée par les doux chants des élèves ; l'odorat chatouillé par le parfum des arbres fruitiers en fleurs ; le goût excité par ces bons fruits et légumes cultivés avec amour ; enfin, le toucher car ne sommes-nous pas privilégiées de fouler ces lieux historiques ? En effet, il y a plus de trois cents ans, Marie de l'Incarnation catéchisait, ici même, ses petites sauvagesses, sous un frêne majestueux qui, brisé par la foudre au siècle dernier, a dû être coupé. Prévoyantes, les religieuses ont sauvé deux rejetons. Elles en ont planté un près de la communauté et l'autre près de la maison de madame de la Peltrie. Ces beaux frênes ombragent toujours ce coin de jardin où tant de religieuses ont médité et tant de sœurs converses peinent pour en faire cette réussite horticole !

* * *

Arrivées plus tôt les bras chargés de fleurs pour les différents reposoirs, les Enfants de Marie du demi-pensionnat se joignent à nous vers dix-huit heures. Les divisions forment leurs rangs autour de la statue de la Vierge à la médaille miraculeuse, dans la cour des grandes du pensionnat. Quelques anciennes élèves contribuent à l'achat d'une couronne. Dispersées, elles se souviennent encore de ce beau témoignage de foi et veulent y participer, sinon en personne, du moins en pensée et par la présence de fleurs.

Le défilé se dirige vers la cour des secondes puis emprunte la courte pente menant au jardin. La présidente des Enfants de Marie porte la bannière de la Sainte Vierge dont les rubans, tenus par quatre élèves, ondulent dans le vent et ferment la procession.

Spectacle émouvant de voir toutes ces enfants, en uniformes et voiles blancs, défiler dans le jardin même où a commencé l'histoire de notre pays !

Les arbres fruitiers agitent légèrement leurs branches et laissent tomber quelques pétales de leurs fleurs en complément à nos prières. Saisies d'un de ces frémissements de l'âme, nous croyons être transportées dans un monde supérieur, immatériel. Une impression qui s'apparente à *l'Ave Maria* de Gounod, dans le film *Fantasia*. Lentement, nous arrivons au préau des postulantes pour une pause et un nouvel hommage à Notre-Dame-de-Grâce. Après quelques chants, nous nous dirigeons, finalement, vers la chapelle intérieure où nous rendons nos hommages à Notre-Dame-du-Grand-Pouvoir. Il faut rappeler ici l'historique de la lampe qui ne s'éteint pas. Marie-Jeanne-Madeleine Le Gardeur de Repentigny, issue d'une famille des plus illustres de la Nouvelle-France, devait épouser son cousin, officier de marine. Un jour, elle apprend sa mort. Longtemps inconsolable, elle essaye de se distraire dans les mondanités, mais, très déçue, elle entre au cloître, où, assaillie de tentations, elle demande à la Vierge de lui venir en aide. En 1724, la paix lui revint et elle promet de faire brûler un lampion en permanence, en remerciement des grâces obtenues. Son frère paye pour l'entretien, à perpétuité, de cet hommage qui brûle devant la statue de Notre-Dame-du-Grand-Pouvoir. La lampe à l'huile a été remplacée par une ampoule électrique, donnant l'impression d'une flamme scintillante. Jamais la lumière n'a cessé d'honorer la Vierge depuis plus de deux cent ans

Toutes pénétrées de dévotion, nous faisons une pause à la chapelle pour assister au salut du Saint-Sacrement et ensuite retourner à nos divisions respectives. Ces moments précieux élèvent nos âmes et nous procurent des heures inoubliables qui s'ajoutent à notre réserve de souvenirs heureux. Cette belle tradition n'a cessé qu'avec la fermeture du pensionnat.

Le gouverneur général

Plusieurs personnalités du monde diplomatique et politique viennent faire une visite officielle au monastère.

À l'occasion de son séjour annuel à sa résidence de la Citadelle, le gouverneur général est l'invité d'honneur au couvent. À leur arrivée, Son Excellence, son épouse et sa suite sont accueillis par la supérieure générale et son conseil. À partir de la porte du « tour », ils se dirigent vers la salle de réception, en passant par l'escalier Saint-Augustin. Quel ravissement pour nous, les élèves, d'admirer l'élégance des dames et, surtout, des jeunes officiers qui accompagnent le gouverneur. Qu'ils sont beaux dans leurs uniformes chamarrés ! Inutile de dire que nous avons les yeux ronds. Nous accumulons là des sujets de conversations pour plusieurs jours à venir.

Après un chant de circonstance et un mot de bienvenue à Son Excellence, ce dernier nous adresse la parole, souvent avec quelques notes, mais toujours en français. Quand il parle aux religieuses, il les appelle « Mesdames », ce qui provoque des petits sourires dans les rangs. Plusieurs élèves présentent des gerbes de fleurs et, pour terminer, le gouverneur nous accorde un congé en son honneur. La supérieure remercie ses invités et, après un chant final, le défilé se met en marche vers la sortie. Nous jetons un dernier coup d'œil attendri et quelque peu envieux sur ce monde élégant, et l'austérité reprend ses droits. Peu de choses ont échappé à notre observation. Les commentaires vont bon train et animent nos récréations.

La fin de l'année scolaire

La distribution des prix marque le couronnement de l'année scolaire. À la salle de réception, devant la communauté au grand complet, sont réunies les pensionnaires et les demi-pensionnaires, en uniformes blancs. Après un hymne de circonstance, chanté par la chorale, la maîtresse générale préside à cette cérémonie.

Les élèves de quatrième et troisième divisions reçoivent leurs prix en premier. Les religieuses s'ingénient à en trouver trois ou quatre pour chaque élève. Brochures reliées en rouge et entourées d'un ruban attribuées pour la bonne humeur, pour la gentillesse, pour les beaux sourires et ainsi de suite. Chaque petite, en plus des prix au mérite, reçoit une récompense accompagnée d'un boniment qui provoque l'hilarité générale… Puis viennent les moyennes et les grandes. Quelques pauses nous permettent d'apprécier la virtuosité des musiciennes dans un duo, un mouvement de sonate ou encore un solo de harpe. D'ailleurs, notre excellente école de musique a permis une brillante carrière à plusieurs élèves, après leur sortie du couvent. Enfin, les diplômées de l'année prennent place sur la scène. Coiffées de couronnes de fleurs artificielles fabriquées par les anciennes mères, selon des modèles qui datent des débuts du monastère, elle reçoivent prix et diplômes. Plusieurs méritent des médailles d'excellence, soit du gouverneur général, du lieutenant-gouverneur ou encore la médaille Baillairgé pour la littérature ou la médaille Paradis pour l'enseignement religieux. La présidente des Enfants de Marie lit ensuite l'adresse d'adieu à *l'Alma Mater*. Parfois gagnée par l'émotion et, faut-il le dire, par les larmes, la lectrice se voit dans l'obligation de faire une pause. Parlant au nom de ses compagnes, elle évoque les joies et les peines qui ont contribué à cette formation qui se termine par une apothéose.

Pour la plupart, les finissantes ont décidé de leur vocation. Quelques-unes se destinent à la vie religieuse. Plus inquiètes, celles qui se dirigent vers le « monde » auront à compter avec de nombreux inconnus. Mais, en ce beau jour, l'optimisme règne. Diplôme en main, elles se sentent prêtes à affronter l'avenir. En ces temps heureux, tous les espoirs sont permis.

Un dernier chant, composé par une de nos mères, clôture la séance. Puis, chacune se précipite pour parler une dernière fois à telle religieuse préférée et souhaiter bonnes vacances aux autres compagnes, les larmes aux yeux et le cœur chaviré tellement l'émotion perdure.

Les parents, qui n'assistent pas à la cérémonie, viennent nous chercher et s'occupent du transport de nos valises et de nos bagages. Alors commence le grand branle-bas des traîneaux, traînes sauvages, patins à glace ou à roulettes, raquettes de tennis, violons, violoncelles, enfin tout l'attirail accumulé depuis septembre. Quel bazar ! Heureusement, la cave aux malles communique directement avec l'extérieur.

L'arrivée à la maison nous déconcerte. Il faut retrouver une place prêtée, ou perdue, se réhabituer aux coutumes des lieux sans l'encadrement du règlement… Un certain malaise nous habite durant les premiers repas, les premiers jours… Pour ma part, avec ma famille, je passe l'été à la mer. Le temps de rajuster ma garde-robe, et déjà nous quittons le foyer qui, à la longue, devient de moins en moins mon chez-moi, le couvent ayant pris la relève.

Contrastes

En fin de juin, après la distribution des prix, ma mère m'annonce que, dans quatre jours, nous partons pour l'Europe où nous devons voyager tout l'été. Pour une surprise, c'en est une de taille !

À la maison, la couturière s'affaire à préparer mon trousseau. Quelle expérience que d'enfiler ma première robe du soir, mon premier costume de voyage, de faire ma valise… une autre valise, bien entendu… avec un contenu bien différent. (Les grandes robes de nuit blanches ne font pas le voyage !)

Par un bel après-midi, nous montons à bord d'un luxueux paquebot, l'*Empress of Britain.* À l'époque, les transocéaniques constituent le seul lien entre les continents, les avions n'ayant pris la relève qu'après la guerre.

Sur le pont du bateau, l'orchestre joue des airs entraînants. Les passagers envoient des serpentins de couleurs variées aux amis demeurés sur le quai. Ils sont ainsi reliés pour quelque temps encore. Bientôt, l'embarquement terminé, la sirène du paquebot se fait entendre, les remorqueurs sont en place et, petit à petit, les liens se rompent et le bateau prend le large.

En 1932-1933, l'*Empress of Britain* est le plus luxueux paquebot à traverser l'Atlantique. Quels contrastes avec le couvent que je viens de quitter ! Quel éblouissement que cet environnement de luxe auquel je n'aurais même pu rêver, tellement tout respire l'éclat, le faste.

Et la mer, autre contraste ! Enfin, je vois cet océan illimité, cette mer pour laquelle un attrait si particulier m'a toujours habitée. Sous cette apparente indifférence, l'océan, miroir du firmament, dissimule la vie qui l'habite, occulte ses mystères et tous les drames dont elle a été témoin. Il sait aussi nous envoûter. Mon horizon s'élargit à l'infini !... Que d'heures j'ai passées à l'avant du bateau, le visage fouetté par le vent et d'infimes gouttelettes d'eau salée, me laissant bercer par le tangage ; respirant à pleins poumons ce souffle qui jamais ne me rassasie ! Je regarde l'immensité, l'infini, et mon âme s'enivre et s'émeut devant ce paysage sans bornes.

Autre contraste, et non le moindre, celui des personnages que je côtoie. Les calmes religieuses sévèrement vêtues de noir ont fait place à de superbes officiers, aux uniformes blancs galonnés d'or. Dieu, qu'ils sont éblouissants ! Habituée à un milieu exclusivement féminin et sévère, je me sens pénétrée d'une impression de frivolité, c'est donc ça le « monde » dont on me parle au couvent ?... Je n'y vois aucune objection !

Le premier soir de gala, j'appréhende la danse, ayant peu d'expérience dans cet art. Je me souviens des seules notions de menuet que Mother Saint James avait essayé de nous inculquer, un certain jour de congé. Inutile de dire que, lorsque deux officiers se présentent à notre table, les papillons jouent la sarabande dans mon estomac. Je cause gentiment avec mon danseur pour masquer ma nervosité et mon ignorance. Ayant un bon sens du rythme, je m'en tire à assez bon compte. Quel émoi de retrouver mon compagnon de danse à quelques reprises au cours de la traversée. Il y a à peine dix jours, je me prêtais aux règlements de mon couvent. Aujourd'hui, je me balade sur le pont d'un fabuleux paquebot aux bras d'un beau jeune homme avantagé par un uniforme prestigieux.

Après une trop courte traversée de cinq jours, Londres, haut lieu du passé et de la tradition, nous accueille. Mes cours d'histoire d'Angleterre me servent bien pour situer ces rois, ces reines au destin tragique, dont plusieurs ont terminé leurs jours dans la tour de Londres. Les cathédrales gothiques datant de plusieurs siècles, les vieux châteaux plus que millénaires m'impressionnent. Au Canada, nos très vieilles traditions, quoique héroïques, semblent quasi contemporaines… Et la campagne anglaise, quelle poésie ! Des cottages ployant sous les fleurs et paysagés avec un tel goût. Tout respire l'harmonie. Et que dire de la gentillesse des occupants, qui sont toujours heureux de nous renseigner et de nous rendre service !

Tous les superlatifs conviennent à Paris, cette ville captivante. « Paris, reine du monde », comme nous le chantons au couvent. Je dois avouer que je pense souvent à mère Saint-Victor en visitant Versailles, les Invalides, le Louvre, et tous les monuments témoignant du faste du siècle de Louis XIV, et des épisodes mouvementés de l'épopée napoléonienne. Ici, tout dépasse l'imagination la plus fertile. Les superbes quartiers des gens aisés, les déplorables faubourgs pauvres... mais l'histoire se retrouve au rendez-vous, à chaque tournant de rue !

L'été passe en trombe à visiter des expositions d'artistes, de peintres, et mille et une merveilles : Venise, la Suisse, les châteaux du Rhin, le château de Chillon, près de Lucerne, le château d'If à Marseille, ce terrible îlot où fut enfermé l'homme au masque de fer. Enfin, tout pour combler le cœur d'une étudiante en quête d'histoire, et sentimentale en plus !

À Rome, en vue de notre prochaine rencontre avec le pape Pie XI, on nous prépare au protocole sévère. Les hommes doivent porter un complet de couleur foncée et les décorations. Les dames sont vêtues de robes noires à manches longues au décolleté discret, coiffées d'un chapeau ou d'une mantille noire également. Quant à moi, mon uniforme de couvent fait le voyage.

À l'occasion d'une audience semi-privée, nous sommes réunis dans une salle, où l'on nous fait part du cérémonial à suivre. Sa Sainteté arrive, cérémonieusement, sur son trône, la *sedia gestatoria* portée par quatre zouaves pontificaux d'origine suisse. Une fois entré dans la salle d'audience, il descend de son siège et donne une bénédiction générale. Il consacre aussi les quelques objets pieux en notre possession : chapelets, médailles, etc. Après que chaque pèlerin a baisé l'anneau papal, il prononce quelques paroles... Observant mon uniforme, il s'enquiert de mon lieu d'origine et de la communauté où j'étudie. Il exprime de belles paroles au sujet des religieuses ursulines et du Canada. Ayant fait le tour de la salle, il remonte sur son trône et, porté par ses suisses, il se retire et nous laisse subjugués. Nous avons l'impression d'avoir pressenti Dieu, d'un peu plus près. Mes pensées vont aux mères du couvent qui seraient si émues dans de telles circonstances. Je ne manquerai pas de leur raconter ma visite en détail.

Au retour, sur l'*Empress of Australia*, un paquebot tout aussi luxueux, commandé par d'aussi beaux officiers en uniformes blancs. Je voudrais voguer jusqu'au bout du monde sur une mer tout aussi ensorceleuse. J'ai un pincement au cœur à l'idée de quitter ce milieu enchanteur. Le dernier matin de la traversée, quel n'est pas mon émoi à la vue du cap Diamant... Le soleil levant fait miroiter toutes les fenêtres qui contemplent ce superbe cavalier blanc qui se dirige majestueusement vers son port... Ma « jeune vieille ville » merveilleuse, parée comme un rare joyau ! Toutes tentatives de nostalgie se dissipent. Heureuse de retrouver mon magnifique Canada, je brûle de mettre le pied à terre !

Retour au bercail

Puis revient, avec septembre, le retour à mon couvent séculaire, magnifique dans sa simplicité, si chaleureux, et dont tous les recoins nous racontent notre jeune passé. L'étudiante qui passe la porte conventuelle diffère sensiblement de l'adolescente qui a quitté en juin. La maturité acquise par de nombreuses expériences a fait une jeune fille de la couventine qui s'éloignait du pensionnat

En retrouvant mon couvent, je vois d'un œil nouveau ce lieu ancestral. Le très bel escalier Saint-Augustin, plusieurs fois centenaire, situé dans l'aile du même nom, a été reconstruit après l'incendie de 1686, et se trouve dans la plus vieille partie du monastère. À cette époque, il faisait face à l'entrée et conduisait à la cellule de mère Marie de l'Incarnation. Ses boiseries de chêne, ses balustres à boules inégales, tournées à la main, ses vieilles marches en érable dont on voit les nœuds tellement patinés par toutes les générations qui l'ont emprunté, comment ne pas vibrer devant tant d'histoire ?

Et que dire du couloir de l'aile Sainte-Famille ? Ses dalles de vieilles pierres, toutes usées, son plafond d'à peine huit pieds de haut, ses murs de quatre pieds d'épaisseur qui ont résisté au siège de Québec en 1759. L'historien Pierre-Georges Roy le dit si bien :

> « Au monastère des Ursulines, si péniblement construit et deux fois réédifié, se rattachent plus de souvenirs qu'il y a de pierres posées dans ses vieilles fondations. »

Peut-on rester insensible devant de tels témoins de notre passé ?

Et moi, j'ai cette chance inouïe, renouvelée chaque jour, d'habiter entre ces murs vénérables ; et, lors de fêtes spéciales, de jeter un coup d'œil ému sur les documents historiques conservés depuis le début de la colonie, entre autres les relations de mère Marie de l'Incarnation, pièces inestimables qui racontent la vie quotidienne et notent toutes les péripéties depuis la fondation de la communauté. Nous pouvons aussi consulter, dans les archives, le dossier de la reddition de Québec en 1760 et nombre d'événements du gouvernement anglais jusqu'à nos jours. Comment ne pas chanter avec la chorale des jours de réceptions :

> « Ô ma vieille maison
> Mon nid, mon gîte
> Le passé t'habite
> Ô ma chère maison »

Depuis leur arrivée au Canada, en 1639, les Ursulines ont pu constater les résultats positifs de leur apostolat. Certes, l'éducation des jeunes filles a évolué depuis ces temps reculés, mais les principes de base ne fléchissent pas. Les méthodes sont différentes, mais toujours appuyées sur des règles de morale fondamentales.

Il va sans dire que, durant les années 1920-1930, les religieuses avaient une influence plus marquée sur leurs pensionnaires. Elles nous ont inculqué, outre les préceptes de la religion, les principes de la bienséance et de l'honneur. Le libre arbitre dans l'évaluation de notre comportement nous a appris à nous discipliner personnellement, non seulement au pensionnat, mais dans toutes les circonstances de notre vie.

En ce qui concerne la culture, nous avons bénéficié de leur grande érudition. Orientant nos lectures, elles ont stimulé notre goût de la recherche. Pour ma part, la curiosité d'apprendre m'a guidée vers des sphères des plus variées. Encore aujourd'hui, mes plus belles heures sont enrichies d'entretiens sur des sujets captivants.

Je suis demeurée très attachée à mon couvent, et le jour de l'Amicale des anciennes, que j'ai rarement manqué durant toutes ces années, une nostalgie me pénètre. Malgré certaines circonstances éprouvantes, j'apprécie ma vie de pensionnat des Ursulines et la richesse des expériences acquises.

J'accorde une importance primordiale à ces années précieuses de mon évolution. Elles se sont écoulées sous le signe du calme et de la paix... Années mémorables, et combien formatrices ! Aujourd'hui, c'est avec attendrissement que je me remémore cette période si importante de ma vie.

Table des matières

COMPOSÉ EN PLANTIN CORPS 10,5
SELON UNE MAQUETTE RÉALISÉE PAR JOSÉE LALANCETTE
CE DEUXIÈME TIRAGE A ÉTÉ ACHEVÉ D'IMPRIMER EN JANVIER 1999
SUR LES PRESSES DE AGMV
À CAP-SAINT-IGNACE, QUÉBEC
POUR LE COMPTE DE GASTON DESCHÊNES
ÉDITEUR À L'ENSEIGNE DU SEPTENTRION